Les Désarrois de l'élève Törless

Interne dans un collège très huppé de la vieille Autriche, à la fin du siècle dernier, l'élève Törless a éprouvé d'abord les habituels désarrois de l'enfant hors de la couvée familiale. Mais le voici adolescent et ce sont d'autres désarrois — intellectuels et moraux autant que charnels — qui vont s'emparer de lui. Habituels aussi, ceux-là, dans la mesure où ils accompagnent l'éveil de la sensualité, avec les « amitiés particulières ». Exceptionnels, cependant, par la cruauté qui les suscite et dont les « amitiés particulières » ne sont que l'exutoire. Exceptionnels surtout par la lucidité avec laquelle les analyse le génie précoce d'un romancier de 25 ans.

Les troubles de l'adolescence, ici, prophétisent les aberrations de l'ère concentrationnaire et le droit que s'arrogeront les « seigneurs » d'abuser des « esclaves ». Sur Reiting et Beineberg — les brutes méprisant les faibles —, dont Törless se fait un temps le complice pour vouer à l'abjection leur malheureux condisciple Basini, Musil dans son *Journal* (1937-1941) pouvait porter ce jugement : « Les dictateurs d'aujourd'hui *in nucleo.* »

Par l'intelligence de la description des « aspects nocturnes » de l'homme et par la concision rigoureuse, *l'Elève Törless* préfigure le chef-d'œuvre de Robert Musil, *l'Homme sans qualités.*

Issu d'une vieille famille de fonctionnaires, d'ingénieurs et d'officiers, Robert Musil est né le 6 novembre 1880, à Klagenfurt en Autriche. Destiné à la carrière des armes, il l'abandonne pour des études d'ingénieur. Puis, nanti de son diplôme, part étudier la philosophie et la psychologie à Berlin. En 1906, il publie son premier roman, les Désarrois de l'élève Törless, *remarquable et remarqué. Il décide alors de se consacrer entièrement à la littérature. Il publie deux recueils de nouvelles, deux pièces de théâtre, mal accueillies, puis attaque une vaste fresque romanesque. En 1933, il quitte Berlin pour Vienne. En 1938, il s'exile en Suisse, à Zurich puis à Genève où il meurt subitement en 1942, pauvre, oublié, et sans avoir pu achever ce grand roman auquel il travaillait depuis vingt ans :* l'Homme sans qualités. *Il a laissé également un important* Journal, *des* Aphorismes, Discours et Essais.

Robert Musil

Les Désarrois de l'élève Törless

roman

TRADUIT DE L'ALLEMAND
PAR PHILIPPE JACCOTTET

Éditions du Seuil

TEXTE INTÉGRAL

EN COUVERTURE : illustration Rozier-Gaudriault

Titre original : *Die Verwirrungen des Zöglings Törless*

ISBN 2-02-005549-X
(ISBN 2-02-001411-4, 1re publication)

A peine exprimons-nous quelque chose qu'étrangement nous le dévaluons. Nous pensons avoir plongé au plus profond des abîmes, et quand nous revenons à la surface, la goutte d'eau ramenée à la pointe pâle de nos doigts ne ressemble plus à la mer dont elle provient. Nous nous figurons avoir découvert une mine de trésors inestimables, et la lumière du jour ne nous montre plus que des pierres fausses et des tessons de verre; et le trésor, inaltéré, n'en continue pas moins à briller dans l'obscur.

MAETERLINCK.

UNE PETITE GARE sur la ligne de Russie.

A perte de vue dans les deux sens, quatre voies parallèles s'allongeaient en ligne droite sur un large remblai couvert de ballast jaunâtre ; à côté de chaque voie, comme une ombre sale, la trace noire inscrite sur le sol par les jets de vapeur brûlante.

La route qui montait vers le débarcadère de la gare, une bâtisse basse, peinte à l'huile, était large et défoncée. Ses bords se seraient confondus avec le terrain bourbeux d'alentour si ne les avaient jalonnés deux rangées d'acacias dressant tristement de chaque côté leurs feuilles desséchées, suffoquées par la poussière et le charbon.

Etait-ce le fait de ces couleurs tristes, était-ce la lumière du soleil couchant, blême, faible, épuisée par la brume, les choses et les êtres avaient un tel air d'indifférence, d'insensibilité machinale, qu'on les aurait crus échappés d'un théâtre de marionnettes. A intervalles réguliers, le chef de gare sortait de son bureau, tournait la tête, toujours selon le même angle, dans la direction des signaux qui s'obstinaient à ne pas annoncer l'arrivée de l'express, retardé considérablement à la frontière ; puis il tirait sa montre, avec toujours le même mouvement du bras, il hochait la tête, et il disparaissait de nouveau, comme font ces petits personnages d'anciennes horloges, quand sonnent les heures.

Sur un large trottoir de terre battue entre les voies et la gare, allait et venait une joyeuse compagnie de jeunes gens, encadrant un couple plus âgé qui formait le centre d'une conversation assez animée. Mais la gaieté de ce groupe, elle non plus, n'était pas authentique ; le bruit des rires semblait à quelques mètres déjà tomber et comme se briser contre un invisible, mais infranchissable obstacle.

Madame la Conseillère Törless — tel était le nom de la dame, une personne de peut-être quarante ans — dissimulait sous une épaisse voilette des yeux tristes légèrement enflammés par les pleurs. C'était l'heure des adieux. Elle souffrait à l'idée de laisser une fois de plus son fils unique, et pour si longtemps, parmi des inconnus, sans la moindre possibilité de veiller sur lui ni de le protéger.

La petite ville, en effet, était située très loin de la capitale, à l'est de l'Empire, dans des campagnes arides, presque inhabitées.

Si madame Törless devait supporter de savoir son fils perdu dans une région aussi lointaine et peu hospitalière, c'est que cette ville abritait une école renommée ; bâtie au siècle précédent sur les terrains d'une fondation pieuse, on l'y avait laissée sans doute dans l'espoir de préserver les adolescents des influences pernicieuses des grandes cités.

C'était là que les fils des meilleures familles du pays étaient formés, après quoi ils pouvaient choisir entre l'Université, l'Armée et l'Administration ; dans chacun de ces cas, comme pour franchir le seuil des salons les plus cotés, être un ancien interne de W. était la meilleure des recommandations.

Voilà pourquoi les parents Törless, quatre ans auparavant, cédant aux instances ambitieuses de leur fils, l'avaient fait entrer à l'école de W.

Cette décision devait faire couler bien des larmes. A peine le portail de l'internat s'était-il refermé, inéluctablement, sur le petit Törless, que le mal du pays l'envahissait, avec une terrible violence. Ni les leçons, ni les jeux sur les grasses pelouses du parc, ni aucune des distractions que l'Ecole offrait à ses élèves ne parvenaient à l'intéresser ; tout juste s'il y prenait part. Tout lui apparaissait à travers une sorte de voile ; souvent même, durant le jour, il avait peine à contenir une tenace envie de pleurer ; et le soir, il ne s'endormait qu'en larmes.

Il écrivait chez lui presque quotidiennement, et ne vivait que dans ces lettres ; toutes ses autres occupations lui semblaient des incidents insignifiants, irréels, de quelconques jalons, tels les chiffres qui désignent les heures sur un cadran. Quand il écrivait, il se sentait une sorte de particularité, d'exclusivité ; quelque chose montait en lui, une île pleine de couleurs, de merveilleux soleils, du fond de l'océan qui l'entourait, jour après jour, de sa froideur, de son insensibilité, de sa grisaille. Quand soudain, au milieu des jeux ou des leçons, il pensait à la lettre qu'il allait écrire le soir venu, c'était pour lui comme s'il portait au bout d'une chaîne invisible une clef d'or grâce à laquelle, quand personne ne ferait plus attention, il pourrait ouvrir le portail de fabuleux jardins.

L'étrange était que cette passion soudaine et dévorante pour ses parents fût inattendue et assez déconcertante à ses propres yeux. Bien loin de la prévoir, il avait pris sans regret et même d'enthousiasme le chemin de l'Ecole ; mieux encore : il s'était moqué des larmes que sa mère, à leur première séparation, n'avait pu contenir. Il y avait eu quelques jours où il s'était senti relativement bien, puis ça l'avait pris tout à coup, avec la violence d'un orage.

Mal du pays, nostalgie de la maison, se disait-il. En réalité, il s'agissait d'un sentiment beaucoup plus vague et composite. L'objet de cette nostalgie, l'image de ses parents, n'y avait aucune place. J'entends par là ce souvenir tangible, quasi physique d'une personne chère qui parle à tous les sens et que tous les sens conservent, au point que l'on ne peut rien faire sans éprouver à son côté cette présence invisible et muette. Ce souvenir-là s'effaça rapidement, telle une harmonique qui ne vibre guère plus longtemps que le son fondamental. Ainsi Törless ne parvenait-il plus à évoquer l'image de ceux qu'il appelait alors d'ordinaire, à part soi, ses « chers, chers parents ». S'y essayait-il, ce qui montait en lui n'était pas l'image, mais la souffrance sans limites dont la nostalgie le tourmentait en le nourrissant, parce que ses flammes aiguës étaient à la fois douleur et ravissement. Aussi la pensée de ses parents ne fut-elle bientôt plus pour Törless que prétexte à réveiller cette souffrance égoïste qui l'enfermait dans sa fierté voluptueuse comme dans une chapelle où, parmi la foule des cierges flamboyants, des regards étincelants de saints et de saintes, l'encens flotte sur les tortures des flagellants.

Quand ce « mal du pays » perdit de sa violence et,

peu à peu, disparut, ce qui avait fait sa singularité n'en demeura pas moins sensible. Sa cessation, loin d'entraîner le soulagement prévu, ne laissa dans l'âme du jeune Törless qu'un grand vide. C'est à ce vide, à ce défaut qu'il reconnut n'avoir pas perdu seulement une nostalgie, mais un élément positif, une force intérieure, quelque chose qui s'était épanoui en lui sous le couvert de la souffrance.

Maintenant c'était passé, et il avait fallu que la source de ce premier grand bonheur fût tarie pour qu'il en prît conscience.

Alors, les traces brûlantes que l'éveil de son âme avait laissées dans ses lettres cédèrent la place à de longues descriptions de la vie de l'Ecole et des amis qu'il s'était faits.

Lui-même, du coup, se sentit appauvri et frustré, comme un jeune arbre qui, après avoir fleuri pour rien, affronte son premier hiver.

Mais ses parents se réjouirent. Leur affection pour lui était violente, instinctive, animale. Chaque fois qu'ils avaient dû le laisser repartir, les vacances terminées, la maison semblait vide et morte à madame la Conseillère ; et quelques jours encore après le départ, on pouvait la voir errer, les larmes aux yeux, de chambre en chambre, caressant parfois de la main un objet sur lequel le regard de son enfant s'était posé, ou que ses doigts avaient effleuré. Père et mère, pour lui, se seraient laissé mettre en pièces.

L'émotion maladroite, la tristesse hautaine, passionnée, de ses lettres les inquiéta beaucoup et mit leur sensibilité à vif ; la sereine insouciance qui suivit les réjouit d'autant, et, pensant qu'une crise était surmontée, ils firent tout leur possible pour encourager leur fils dans ces nouveaux sentiments.

Croyant que la souffrance, comme son apaisement, n'était que la conséquence naturelle des circonstances, ils ne reconnurent pas plus dans une phase que dans l'autre les symptômes d'une évolution psychique déterminée. Que c'eût été la première tentative, d'ailleurs malheureuse, du jeune homme livré à lui-même pour développer ses énergies intérieures, leur échappa complètement.

Törless était alors en pleine insatisfaction, cherchant en vain, comme à tâtons, un élément nouveau sur lequel s'appuyer.

Un épisode de cette période fut caractéristique de l'évolution qui couvait en lui.

Un beau jour était arrivé à l'Ecole le jeune prince H., descendant d'une des familles aristocratiques les plus anciennes, les plus influentes et les plus conservatrices de l'Empire.

Tous jugèrent la suavité de son regard aussi fade qu'affectée ; et la façon qu'il avait de se déhancher quand il se tenait debout, de jouer lentement des doigts en parlant, leur parut d'une féminité qui ne méritait que le rire ; ils ne s'en firent pas faute. Toutefois, rien ne les amusa plus que le fait que ce n'était pas ses parents qui l'avaient accompagné, mais son précepteur, docteur en théologie et membre d'un ordre religieux.

Törless, lui, avait été tout de suite très frappé. Qu'il

s'agît d'un prince appelé par sa naissance à paraître un jour à la Cour avait peut-être contribué à son émotion; quoi qu'il en fût, c'était aussi une autre espèce d'homme qu'il avait du même coup découverte.

On aurait dit que le silence des vieux manoirs de campagne et des exercices de dévotion était resté attaché aux vêtements du prince. Quand il marchait, c'était avec ces mouvements doux et souples, cette contraction, cet effacement presque timide du corps qu'enseigne l'habitude de traverser, le buste droit, une enfilade de pièces vides où tout autre aurait l'air de se heurter gauchement à d'invisibles saillies.

Ainsi la fréquentation du prince devint-elle pour Törless la source des plus subtils plaisirs psychologiques. Elle lui donna les premiers éléments de cette connaissance particulière de l'homme qui permet de découvrir et d'aimer un être à la cadence de sa voix, à sa façon de saisir un objet, à l'accent même de ses silences, au sens de son accord avec l'espace où il se meut : somme toute, à cette manière changeante, évasive — et pourtant seule essentielle — d'être un homme doué d'âme qui enveloppe ce que l'on peut saisir et traduire comme la chair enveloppe le squelette ; si bien qu'à cette seule analyse des surfaces, on devine les profondeurs.

Pour Törless, cette brève période fut une véritable idylle. Si la piété de son nouvel ami lui était étrangère, à lui qui sortait d'un milieu bourgeois libre penseur, elle ne le rebuta point. Il l'accepta sans la moindre hésitation, il y vit même un autre mérite du prince, parce qu'elle exaltait la singularité d'un être qu'il sentait radicalement différent de lui-même, et d'ailleurs incomparable.

Il entrait dans la société du prince comme dans une chapelle bâtie un peu à l'écart du chemin. L'idée que ce n'était nullement sa place disparaissait dans la volupté de découvrir la lumière du jour, une fois ! à travers des vitraux, et de laisser errer son regard sur les vains ornements dorés qui encombraient l'âme du prince jusqu'à n'avoir plus de cette âme qu'une image confuse, comme s'il avait suivi distraitement du doigt une arabesque merveilleuse, mais dont les entrelacs eussent obéi à d'étranges lois.

La brouille survint brusquement.

Une brouille stupide, ainsi que Törless devait plus tard le reconnaître.

Ils avaient tout de même réussi à se disputer sur des histoires de religion. Dès lors, en fait, tout était fini. La raison de Törless, comme en dépit de son cœur, déchaîna une série d'assauts ininterrompus contre la délicate dévotion de son ami. Elle l'accabla de ses traditionnels sarcasmes, détruisit sauvagement l'édifice arachnéen dont l'âme du prince avait fait son séjour et les deux amis se quittèrent furibonds.

Ils n'échangèrent plus un seul mot. Sans doute Törless était-il vaguement conscient de s'être montré stupide ; une obscure intuition lui soufflait que l'intelligence, avec ses critères grossiers, avait détruit là, tout intempestivement, un trésor précieux et fragile. Mais il n'y pouvait absolument rien. Peut-être lui resterait-il toujours une sorte de nostalgie de ce passé, mais c'était comme si on l'avait branché sur un autre circuit qui ne cessait de l'en éloigner davantage.

Quelque temps après, d'ailleurs, comme il s'accommodait mal du régime de l'Ecole, le prince s'en fut.

Pour Törless, tout ne fut plus qu'ennui et vide. Il avait grandi cependant, et bientôt les premiers mouvements de l'adolescence l'agitèrent obscurément. A ce stade de son développement, il noua quelques amitiés nouvelles qui correspondaient aux besoins de son âge et qui devaient être pour lui, plus tard, de première importance. Ce furent, entre autres, Beineberg et Reiting, Moté et Hofmeier, les jeunes gens mêmes avec qui, maintenant, il accompagnait ses parents à la gare.

Chose singulière, il s'agissait justement des pires éléments de sa volée, garçons certes doués et, bien entendu, d'excellentes familles, mais, certains jours, turbulents et indociles jusqu'à la brutalité. Que Törless fût attiré précisément par leur compagnie tenait sans doute à son incertitude intérieure qui, depuis la perte du prince, n'avait fait que s'aggraver. Ce choix était même dans le prolongement direct de cette rupture, car il signifiait comme elle la crainte de tout excès de sensibilité, le tempérament de ces nouveaux camarades, éclatant de santé, de vigueur, de vie, étant à l'opposé de tels excès.

Törless s'abandonna entièrement à leur influence. Mais, pour l'expliquer, il faut dire un mot de son développement intellectuel. A son âge, l'enfant qui fréquente le lycée a lu Gœthe, Schiller, Shakespeare, peut-être même déjà quelques modernes. Ces lectures, à peine digérées, ressortent automatiquement par le bout de la plume. Naissent alors de grandes tragédies romaines, ou des poèmes ultra-sensibles qui cheminent dans le vêtement d'une typographie extrêmement « aérée » comme dans une robe de la plus fine dentelle : ouvrages en soi ridicules, mais d'une valeur inestimable pour assurer le développement intérieur. Car ces associations importées, ces sentiments empruntés aident les jeunes gens à franchir le terrain psychique si dangereusement mouvant de ces années où l'on voudrait tant être quelqu'un alors qu'on n'en a pas encore les moyens. Peu importe qu'il en reste chez l'un quelque trace et rien chez l'autre : nul doute que, plus tard, chacun ne trouve un accommodement avec soi-même, et le risque se limite à cette période de transition. Réussirait-on à faire comprendre alors à un jeune homme le ridicule de son personnage, le sol lui manquerait sous les pieds, ou il s'écroulerait comme un somnambule réveillé en sursaut qui ne voit plus nulle part que le vide.

Or cette illusion, ce subterfuge si propice au développement de l'adolescent, manquait à l'école de W. S'il y avait des classiques dans la bibliothèque, ils étaient rangés dans le genre « assommant », et le reste n'était que romans à l'eau de rose et tristes « gaietés d'escadron ».

Sans doute le petit Törless, dans sa frénésie de lecture, les avait-il tous dévorés, sans doute quelques images banalement tendres de l'un ou l'autre s'étaient-elles attardées dans son esprit, mais on ne pouvait parler d'une influence réelle sur son caractère.

D'ailleurs, il semblait qu'il n'eût pas de caractère du tout.

Il lui arrivait par exemple, à la suite de ces lectures, d'écrire lui-même un petit récit ou d'entreprendre une épopée romantique. L'excitation que lui donnaient les peines d'amour de ses héros accélérait son pouls, faisait rougir ses joues et briller ses yeux.

Mais dès qu'il posait la plume, c'était fini ; en un certain sens, son esprit ne vivait qu'en mouvement. Ce qui explique aussi qu'il lui fût possible de composer une poésie ou un récit n'importe quand, pour peu qu'on l'en priât. Il s'animait à la tâche sans la prendre jamais tout à fait au sérieux. Il n'y avait aucun échange entre celle-ci et sa personnalité. Törless ne pouvait éprouver d'émotions intenses que sous l'effet d'une quelconque contrainte extérieure, comme l'acteur qui ne peut se passer de celle d'un rôle.

C'étaient là des réactions cérébrales. Mais ce qui manifeste le caractère ou l'âme, le contour ou la couleur d'un être, ou du moins ce qui fait paraître insignifiants, accidentels, interchangeables les pensées, les décisions et les actes, par exemple ce qui avait lié Törless au prince en dehors de tout jugement d'ordre intellectuel, cet arrière-plan ultime, immuable, Törless à cette époque semblait en être complètement privé.

A ses camarades, le goût du sport, un plaisir animal de vivre permettait de ne pas souffrir de ce manque, comme le permet aux lycéens leur passade littéraire. Mais Törless était trop intellectuel pour l'un, et pour l'autre, la vie d'internat qui oblige à avoir toujours le poing prêt à la réplique, à la bagarre, l'avait rendu trop sensible au ridicule de ces sentiments d'emprunt. Une indétermination, une détresse intérieure s'ensuivirent, qui l'empêchèrent de se trouver.

Il s'attacha à ses nouveaux amis parce que leur violence lui imposait. Comme il était ambitieux, il essaya même parfois d'enchérir. Mais là encore il s'arrêtait bientôt à mi-chemin, et n'y gagnait que sarcasmes. Il revenait plus timide qu'avant. Dans cette période critique, toute sa vie ne fut qu'un effort sans cesse recommencé pour singer la brutalité et la virilité plus affirmée de ses amis, et, en secret, une profonde indifférence pour ce même effort.

Quand ses parents venaient le voir, maintenant, aussi longtemps qu'ils étaient seuls ensemble, il se montrait silencieux et timide. Il trouvait chaque fois un nouveau prétexte pour se dérober aux caresses maternelles. Il aurait aimé d'y céder, mais il avait honte, comme si ses camarades l'épiaient.

Ses parents n'y virent que la gaucherie de cet âge.

L'après-midi, la bande tapageuse arrivait. On jouait aux cartes, on mangeait, on buvait, on daubait sur les professeurs et l'on fumait des cigarettes que le Conseiller avait apportées de la capitale.

Cette gaieté réjouissait et rassurait les parents.

Ils ignoraient que Törless vivait alors des heures tout autres, et cela de plus en plus souvent depuis quelque temps. A de certains moments, la vie à l'Ecole lui devenait complètement indifférente. Le mortier des soucis quotidiens s'effritait, les heures de sa vie, privées de joint, s'écroulaient les unes sur les autres.

Souvent il restait assis des heures plongé dans de sombres réflexions, comme penché sur lui-même.

Cette dernière fois encore, ses parents étaient restés deux jours. On avait mangé et fumé ensemble, fait une excursion dans la région ; l'express allait ramener le couple à la capitale.

Une légère vibration des rails annonça son approche, et le tintement de la cloche sur le toit de la gare parut inexorable aux oreilles de la Conseillère.

— Ainsi, c'est promis, mon cher Beineberg, vous veillerez sur mon garçon ? dit le conseiller Törless en s'adressant au jeune baron Beineberg, un long gaillard ossu aux oreilles en feuille de chou, mais dont le regard était intelligent et expressif.

A l'ouïe de cette mise sous tutelle, le petit Törless prit un air de dépit ; Beineberg grimaça un sourire flatté qui n'était pas sans perfidie.

Puis le Conseiller se tourna vers les autres :

— J'aimerais d'ailleurs vous demander à tous, s'il arrivait quoi que ce fût, de bien vouloir m'en informer aussitôt.

C'en était trop ; le jeune Törless ne put s'empêcher de s'écrier, sur un ton de lassitude exaspérée :

— Mais, papa, que veux-tu donc qu'il m'arrive ?

Il était habitué pourtant à essuyer, à chaque séparation, cet excès de sollicitude.

Les autres, cependant, avaient claqué des talons en rejetant leurs gracieuses épées sur le côté ; le Conseiller ajouta :

— On ne peut jamais savoir, et l'idée d'être informé rapidement me tranquillise beaucoup ; après tout, tu pourrais te trouver empêché d'écrire toi-même...

Le train entra en gare. Le Conseiller étreignit son fils, madame von Törless tira sur sa voilette pour mieux dissimuler ses larmes, les amis exprimèrent leur gratitude l'un après l'autre, puis le contrôleur ferma la portière.

Une dernière fois, monsieur et madame von Törless aperçurent la haute façade nue de l'Ecole, l'interminable et puissante muraille qui entourait le parc, puis il n'y eut plus à droite et à gauche que des champs gris-brun et, de loin en loin, quelque arbre fruitier.

Les jeunes gens cependant avaient quitté la gare ; marchant en deux files de chaque côté de la route pour éviter au moins le plus dense et le plus tenace de la poussière, ils se rendaient en ville, sans dire grand-chose.

Il était cinq heures passées, une sorte de gravité froide gagnait les champs, annonçant le soir.

Törless fut pris d'une tristesse infinie.

Peut-être était-ce le départ de ses parents, peut-être seulement la sourde et méchante mélancolie qui traînait maintenant sur tout le paysage et, à quelques pas, brouillait le contour des choses de teintes sombres et ternes.

La même indifférence effrayante qui avait pesé l'après-midi durant sur tout le paysage rampait maintenant du fond de la plaine, et derrière elle, telle une traînée de bave, le brouillard semblait coller aux jachères et aux champs de betteraves couleur de plomb.

Sans regarder ni à droite ni à gauche, Törless sentait tout cela. Un pas après l'autre, il avançait dans les traces que venait de creuser dans la poussière celui qui le précédait, et ce qu'il sentait, c'était qu'il n'en pouvait pas aller autrement, qu'une contrainte implacable emprisonnait, comprimait sa vie dans cette progression (un pas après l'autre), sur cette ligne unique, sur cet étroit ruban déroulé dans la poussière.

Quand ils s'arrêtèrent à un carrefour où leur propre route et un autre chemin confluaient en une sorte de rond-point de terre battue, et où un poteau indicateur de bois pourri s'élevait de guingois, cette ligne droite dont le contraste avec le lieu était si fort fit sur Törless l'effet d'un cri de désespoir.

Ils reprirent leur route. Törless pensait à ses parents, à des gens qu'il connaissait, à la vie. C'était l'heure où l'on s'habille pour une soirée, où l'on décide d'aller au théâtre. Ensuite on va au restaurant, on écoute un orchestre, on s'assied à une table de café. On fait une rencontre intéressante. Une aventure galante vous tient en haleine jusqu'au petit jour. La roue tourne comme une roue de foire, offrant sans cesse des lots nouveaux, inattendus...

A ces évocations, Törless soupirait, et à chaque pas qui le rapprochait de sa prison, il sentait quelque chose se nouer un peu plus en lui.

Déjà la cloche tintait à ses oreilles. Il n'était rien qu'il craignît plus que cette cloche qui déterminait irrévocablement la fin du jour, comme un coup de couteau.

Sans doute ne vivait-il rien, sans doute sa vie se perdait-elle dans les longues ombres de l'indifférence ; mais le son de cette cloche ajoutait son sarcasme à ce vide, et Törless frémissait d'une rage impuissante contre soi-même, contre son destin, contre ce nouveau jour enseveli.

Maintenant tu ne pourras plus rien vivre, tu ne vivras

plus rien pendant douze heures, pour douze heures tu es mort... : voilà ce que disait la cloche.

Quand la jeune compagnie atteignit les premières maisons, qui étaient des espèces de cabanes basses, Törless sentit ces ruminations s'interrompre. Comme si son intérêt se réveillait soudain, il leva la tête et jeta des regards curieux dans l'intérieur enfumé des masures devant lesquelles ils passaient.

Le plus souvent, les femmes étaient debout sur le seuil, vêtues d'une blouse et d'une chemise grossière, avec de grands pieds sales, des bras nus et hâlés.

Les plus jeunes, les plus vives leur jetaient parfois, en langue slave, une plaisanterie hardie. Elles se donnaient des coups de coude et riotaient en regardant les « petits messieurs » ; quelquefois, l'une d'elles, les seins caressés un peu trop impudemment au passage, poussait un cri, ou répliquait d'un juron jovial à une claque sur les cuisses. Une autre se contentait de suivre des yeux, avec un air de gravité indignée, les fuyards ; et si le paysan était inopinément survenu, il avait un sourire gêné, mi-bonhomme, mi-inquiet.

Törless ne participait point à ces éclats de virilité précoce.

Cela tenait sans doute pour une part à une certaine timidité commune à tous les adolescents en matière sexuelle, mais aussi, et surtout, à la nature particulière de sa sensualité, qui était plus dissimulée, plus puissante, d'une coloration plus sombre que celle de ses amis, et moins prompte à s'extérioriser.

Tandis que les autres affichaient l'impudence dans leur conduite envers les femmes, plus peut-être pour paraître dégourdis que par désir, une impudence réelle troublait et tourmentait l'âme du silencieux Törless.

Il jetait dans l'intérieur des maisons, par les petites fenêtres, les couloirs étroits et tortueux, des regards si brûlants qu'une sorte de fin réseau dansait presque constamment devant ses yeux.

Des gamins à demi nus se roulaient dans la boue des cours, parfois la jupe d'une femme en train de travailler découvrait les mollets, ou c'était une poitrine abondante qui tendait à craquer le corsage. Et comme si tout cela se produisait dans une atmosphère absolument autre, animale, oppressante, il s'échappait des maisons des souffles lourds, inertes, que Törless respirait avec avidité.

Il pensait à de vieilles peintures qu'il avait vues dans des musées sans les bien comprendre. Il attendait, comme il avait attendu devant ces tableaux quelque chose qui ne se produisait jamais. Quoi donc ?... Quelque chose de surprenant, d'inouï ; un spectacle fantastique dont il ne pouvait se faire aucune idée ; un événement d'une sensualité terrifiante, bestiale, qui l'empoignerait comme avec des griffes et le lacérerait, les yeux d'abord ; une aventure qui d'une manière encore obscure devait être associée avec les blouses sales des femmes, leurs mains rudes, les bas plafonds de leurs chambres... avec la boue des cours qui le souillerait... Non, non !... il ne sentait plus maintenant que le filet de feu sur ses yeux. Les mots n'exprimaient pas la chose ; les mots la faisaient plus grave qu'elle n'était ; c'était quelque chose de tout à fait sourd, une sensation d'étouffement dans la gorge, une pensée à peine saisissable, et qui ne prendrait cette forme que si l'on insistait pour la traduire en mots ; mais entre cette forme et la chose, alors, il ne subsistait plus qu'une ressemblance vague, comme sur un agrandissement géant où non seulement l'on verrait tous les détails plus nets, mais où l'on en découvrirait encore qui n'y sont pas... Il y avait tout de même de quoi rougir,

« Alors, on a le mal du pays ? » demanda brusquement sur un ton railleur von Reiting, un long garçon de deux ans son aîné, qui avait remarqué le silence et le regard assombri de Törless. Celui-ci eut un sourire contraint, embarrassé ; il lui semblait que le malveillant Reiting avait épié les mouvements de sa pensée.

Il ne répondit point. Les jeunes gens avaient atteint entre-temps la place de l'église, un quadrilatère pavé de « têtes de chat », où ils se séparèrent.

Törless et Beineberg ne voulaient pas rentrer encore ; les autres, qui n'avaient pas l'autorisation de prolonger leur sortie, prirent le chemin de l'Ecole.

Les deux amis étaient entrés dans une pâtisserie. Ils étaient assis devant une petite table ronde, à côté d'une fenêtre donnant sur le jardin, sous une lampe à gaz dont les flammes bourdonnaient doucement derrière les globes de verre laiteux.

Ils s'étaient installés fort confortablement, buvaient liqueur sur liqueur, fumaient, mangeaient un gâteau de temps en temps, savourant le plaisir d'être les seuls clients. Tout au plus y avait-il encore, dans la salle du fond, un solitaire attablé devant un verre de vin ; ailleurs régnait le silence, et la propriétaire elle-même, une personne d'une corpulence et d'un âge certains, semblait assoupie derrière son comptoir.

Törless regardait par la fenêtre, d'un regard très vague, le jardin vide que l'ombre envahissait peu à peu.

Beineberg parlait. Il parlait des Indes, comme toujours. Son père, un général, y avait été dans sa jeunesse officier au service d'Albion. Et il en avait rapporté non seulement, comme tout Européen, de petits objets sculptés, des étoffes et des idoles de bazar, mais quelques reflets étranges, mystérieux, de l'ésotérisme bouddhiste. Ces connaissances, et le fruit de lectures postérieures, il les avait transmises à son fils avant même que celui-ci fût en âge d'y rien comprendre.

C'était d'ailleurs un lecteur assez singulier. Officier de cavalerie, il était très éloigné d'aimer les livres en général. Romans et traités de philosophie lui inspiraient un égal mépris. S'il lisait, ce n'était point pour méditer sur des opinions et des controverses : il voulait que le livre, à peine ouvert, fût une porte dérobée par où il eût accès à une science supérieure. Il voulait des livres dont la seule possession fût comme le sceau d'une ordination et la garantie de révélations surnaturelles. Cela, il ne pouvait le trouver que dans les œuvres de la philosophie hindoue, qui semblaient vraiment n'être pas pour lui des livres, mais des apocalypses, quelque chose de réel, des œuvres à clef, comme les livres d'alchimie et de magie du moyen âge.

C'est avec ce genre d'ouvrages que, de préférence le soir venu, cet homme robuste et actif qui accomplissait ponctuellement ses obligations de service et qui montait encore ses trois chevaux presque tous les jours, aimait à s'enfermer.

Il choisissait un passage au hasard et méditait, dans l'espoir que sa signification la plus cachée lui serait peut-être révélée ce soir-là. Jamais il n'était déçu, si souvent qu'il dût s'avouer n'avoir pas dépassé encore le parvis du temple.

Ainsi, autour de cet homme musclé et hâlé par la vie au grand air flottait une sorte de mystère solennel. L'assurance qu'il avait d'être chaque jour à la veille d'une révélation bouleversante lui donnait un air de supériorité et de secret. Ses yeux n'étaient pas rêveurs, plutôt calmes et durs. L'habitude de lire des ouvrages où aucun mot ne pouvait être déplacé sans altérer le sens caché, le soupèsement prudent, respectueux des significations premières et secondes de chaque phrase, leur avaient modelé peu à peu cette expression.

Quelquefois pourtant, ses pensées s'égaraient dans le demi-jour d'une douce mélancolie. C'était quand il songeait au culte ésotérique voué jadis aux originaux des écrits qu'il avait sous les yeux, aux miracles dont ils avaient été la source et qui avaient bouleversé des milliers d'hommes ; et ces milliers d'hommes, tant ils étaient éloignés de lui, lui semblaient des frères, alors qu'il méprisait, pour les avoir vus dans tous leurs détails, ceux qui formaient son entourage. Dans de tels moments, il se décourageait. L'idée que sa vie était condamnée à se dérouler si loin des sources sacrées de l'Energie, ses efforts à succomber malgré tout, peut-être, à l'hostilité des circonstances, l'accablait. Mais, restait-il assis un moment devant ses livres dans cet état d'affliction, une étrange modification de ses sentiments s'opérait. Sa mélancolie, sans rien perdre de son poids, devenant au contraire de plus en plus triste, cessait de l'oppresser. Plus que jamais il se sentait abandonné, vraie sentinelle perdue, mais à cette mélancolie se mêlait un plaisir raffiné, la fierté d'accomplir quelque chose de *différent*, de servir une divinité incomprise. Alors brûlait peut-être un instant dans ses yeux, en dépit de tout, une flamme qui n'était pas sans évoquer l'ivresse mystique.

Beineberg avait parlé jusqu'à l'enrouement. L'image de son singulier père revivait en lui dans une sorte de grossissement déformant. Chaque trait s'y retrouvait ; mais ce qui avait pu n'être d'abord chez celui-ci qu'une lubie, prolongée et magnifiée pour sa seule vertu d'extravagance, était devenu chez son fils une fantastique espérance. La bizarrerie paternelle qui n'avait peut-être rien été d'autre pour le vieux soldat, en fin de compte, que cet ultime refuge de l'individualité que tout homme, s'il tient à ne pas se confondre avec la masse, doit se créer (ne serait-ce que par le choix de ses vêtements), était devenue chez son fils la ferme assurance que d'extraordinaires énergies psychiques lui permettraient un jour une quelconque suprématie.

Törless connaissait ce thème par cœur. Ces propos lui glissaient dessus sans presque le toucher.

Maintenant, il s'était détourné à demi de la fenêtre et il observait Beineberg en train de se rouler une cigarette. De nouveau, il ressentait à son égard cette bizarre répugnance qui l'envahissait de temps en temps en sa présence. Pourtant, ces mains sombres et minces qui enroulaient le tabac dans le papier avec tant d'adresse étaient vraiment belles. Des doigts fins, des ongles ovales, bien bombés : une distinction incontestable, qu'on retrouvait dans les yeux noirs, dans la maigreur élancée du corps. Il est vrai que Beineberg avait les oreilles décollées, un visage petit et irrégulier, que sa tête faisait penser à une chauve-souris. Cependant, Törless en avait le sentiment très net en comparant ces détails, ce n'étaient pas les traits imparfaits, mais justement les plus accomplis qui lui donnaient cet inexplicable malaise.

La maigreur du corps — l'idéal vanté par Beineberg lui-même, c'était les jambes d'acier fin des athlètes homériques — faisait sur Törless un tout autre effet. Il n'avait pas cherché à s'en rendre raison jusqu'alors, et sur l'instant aucune comparaison satisfaisante ne lui vint à l'esprit. Il aurait bien voulu examiner Beineberg plus attentivement, mais celui-ci l'aurait remarqué et il aurait fallu reprendre une quelconque conversation. Mais ce fut justement parce qu'il ne le regardait qu'à la dérobée et complétait en imagination le portrait que la différence avec le modèle grec lui apparut. Imaginait-il le corps dépouillé de ses vêtements, il lui était impossible de sauvegarder l'image d'une minceur sereine : aussitôt, des mouvements agités, tortueux, lui apparaissaient, avec ces membres tordus, ces épines dorsales déviées que l'on retrouve dans toutes les représentations de martyres comme dans les parades grotesques des foires.

Les mains aussi, qu'il eût dû pourtant, semblait-il, associer aux gestes les plus élégants, il ne pouvait les imaginer qu'agitées, tâtonnantes. Et c'est précisément sur elles, qui étaient ce que Beineberg avait de plus beau, que se concentrait sa plus vive répulsion. Elles avaient quelque chose d'obscène. C'était le mot. Et il y avait également quelque chose d'obscène dans ce corps qu'il ne pouvait s'empêcher de lier à des mouvements de dislocation. Mais d'une certaine façon, c'était dans les mains qu'il semblait que cela s'accumulât, pour en faire rayonner comme le pressentiment d'un contact qui faisait courir sur le corps de Törless un frisson de dégoût. Il fut lui-même déconcerté et un peu effrayé par cette découverte. C'était la deuxième fois de la journée qu'un élément sexuel s'insinuait ainsi à l'improviste, hors de propos, dans ses pensées.

Beineberg ayant pris un journal, Törless put l'observer avec plus de précision.

En réalité, on aurait eu du mal à découvrir en lui quoi que ce fût qui pût excuser, même partiellement, ces brusques associations d'idées.

N'empêche que le malaise, si peu fondé qu'il fût, s'intensifiait. Le silence des garçons n'avait pas duré dix minutes que déjà Törless sentait sa répugnance à son comble. Pour la première fois, semblait-il, se manifestait ainsi une tonalité fondamentale de ses rapports avec Beineberg ; une méfiance qui avait toujours été comme aux aguets semblait avoir atteint d'un coup la surface de la conscience.

L'atmosphère devenait de plus en plus tendue. Törless brûlait de couvrir d'insultes son camarade, mais les mots lui manquaient. Une sorte de honte, comme s'il y avait eu vraiment « quelque chose » entre lui et Beineberg, l'agitait de plus en plus. Ses doigts commencèrent à tambouriner nerveusement sur la table.

Enfin, pour sortir de cet étrange état, il se tourna de nouveau vers la fenêtre.

Beineberg leva les yeux, les baissa pour lire encore quelques lignes, puis repoussa le journal et bâilla.

Le silence une fois rompu, le charme qui avait pesé sur Törless se rompit aussi. Des paroles banales coulèrent, et noyèrent cet instant. Ç'avait été une alerte inopinée, que relayait maintenant l'indifférence habituelle...

— Combien de temps nous reste-t-il ? demanda Törless.

— Deux heures et demie.

Alors, en frissonnant, il haussa les épaules. Il sentit de nouveau la puissance paralysante de la captivité qui l'attendait. L'horaire des cours, les contacts quotidiens avec les camarades. Même cette répulsion à l'égard de Beineberg qui semblait, un instant, avoir ouvert des échappées, serait perdue.

— Qu'y a-t-il pour le dîner, aujourd'hui ?

— Je ne sais pas.

— Et demain, quelle matière avons-nous ?

— Les maths.

— Ah ? Est-ce que nous avions des devoirs ?

— Oui, un ou deux théorèmes de trigonométrie ; mais tu n'auras pas de mal, ils sont faciles.

— Et quoi d'autre ?

— L'heure de religion.

— L'heure de religion ? Ah ! c'est vrai. Ça va de nouveau être quelque chose ! Quand je suis en forme, il me semble que je pourrais prouver que deux et deux font cinq aussi aisément que l'existence d'un Dieu unique...

Beineberg leva sur Törless un regard moqueur.

— Là tu me fais rire. On dirait que ça t'amuse. En tout cas, une telle ardeur brille dans tes yeux...

— Pourquoi pas ? N'est-ce pas charmant ? Il y a toujours un point dans ces histoires à partir duquel on ne sait plus si l'on ment ou si ce que l'on a inventé n'est pas plus vrai que l'inventeur.

— Comment cela ?

— Je ne l'entends pas littéralement, bien sûr. On est

toujours conscient, certes, que l'on fabule ; néanmoins, la fable vous semble si digne de foi, par moments, que l'on s'immobilise, captivé par ses propres pensées.

— Sans doute. Mais qu'est-ce qui t'amuse, là-dedans ?

— Cela même. Ça vous donne comme un choc dans la tête, un vertige, une panique...

— Allons donc ! ce sont des enfantillages.

— Je ne prétends pas le contraire. Quoi qu'il en soit, c'est encore ce qui m'intéresse le plus ici.

— Une sorte de gymnastique cérébrale, mais qui ne mène nulle part.

— Non, dit Törless en regardant de nouveau le jardin. Dans son dos, très loin, il entendait bourdonner les flammes du gaz. Il poursuivait un sentiment qui s'élevait en lui mélancoliquement comme un brouillard.

— ... Non, cela ne mène nulle part, reprit-il. Tu as raison. Mais il ne faut pas se le dire. De tout ce que nous faisons ici, toute la journée, qu'est-ce donc qui mène quelque part ? Qu'est-ce qui nous donne quelque chose, j'entends quelque chose de vrai, tu comprends ? Le soir, on sait que l'on a vécu un jour de plus, que l'on a appris ceci ou cela, que l'on a suivi l'horaire, mais on n'en est pas moins vide, j'entends intérieurement, on éprouve une sorte de faim intérieure...

Beineberg, dans un grognement, parla d'exercices, de préparation, d'impossibilité de rien entreprendre encore...

— Des préparatifs, des exercices ? En vue de quoi ? As-tu une seule certitude ? Peut-être as-tu un espoir, mais cet espoir même est encore si vague. Je connais cela : l'attente éternelle de quelque chose dont on sait seulement qu'on l'attend. C'est si ennuyeux...

— Ennuyeux... répéta lentement Beineberg en hochant la tête.

Törless continuait à regarder le jardin. Il croyait entendre le bruissement des feuilles mortes que le vent emportait. Puis vint cet instant d'extrême tranquillité qui précède immédiatement l'obscurité totale. Les formes qui s'étaient enfoncées toujours plus profondément dans la pénombre, et les couleurs qui se liquéfiaient parurent s'immobiliser l'espace d'une ou deux secondes, suspendant leur souffle...

— Sais-tu, Beineberg, dit Törless sans se retourner. Quand le soir tombe, il y a toujours quelques instants qui ne ressemblent à rien d'autre. Chaque fois que j'observe cela, je retrouve le même souvenir. J'étais encore tout petit quand je me trouvai un jour, à cette heure-là, en train de jouer dans la forêt. La bonne s'était éloignée ; je ne m'en étais pas aperçu et croyais encore sentir sa présence toute proche. Soudain je dus lever les yeux. Je sentis que j'étais seul, tant le silence, brusquement, s'était creusé. Et quand je jetai les yeux autour de moi, j'eus l'impression que les arbres m'encerclaient et m'observaient sans mot dire. Je pleurai ; c'est que je me sentais abandonné par les grands, livré aux créatures inanimées... Qu'est-ce donc que ce sentiment ? Souvent je l'éprouve encore. Ce silence soudain, qui est comme un langage que nous ne pouvons percevoir ?

— Je ne vois pas ce que tu veux dire. Mais pourquoi les choses n'auraient-elles pas un langage ? Quand nous ne pouvons même pas affirmer en toute certitude qu'elles n'ont pas d'âme ?

Törless ne répondit point. La position purement spéculative de Beineberg lui plaisait peu.

— Pourquoi est-ce que tu ne cesses de regarder dehors ? Qu'y a-t-il à voir ?

— Je continue à me demander de quoi il s'agit.

En réalité, il avait poussé déjà un peu plus loin sa recherche, mais ne voulait pas l'avouer. Cette tension extrême, l'attente d'un secret décisif, le souci de découvrir un aspect encore inconnu de la vie, il n'avait pu en porter le fardeau qu'un instant. Ensuite l'avait réenvahi le sentiment d'isolement et de détresse qui succédait toujours à cette trop haute visée. Il le sentait : quelque chose dans cette expérience était trop difficile encore pour lui, et ses pensées se réfugiaient auprès d'autre chose qui en faisait partie aussi, mais comme à l'arrière-plan, aux aguets : la solitude.

Du fond du jardin désert, une feuille venait parfois danser devant la fenêtre éclairée et une aigrette étincelait un instant sur son dos quand elle retombait dans l'obscurité. Celle-ci semblait céder la place, reculer, puis l'instant d'après avancer de nouveau et se dresser devant les fenêtres, immobile, un vrai mur. Elle était un monde en soi. Elle avait envahi la terre comme un essaim de guerriers noirs, elle avait anéanti ou chassé les humains, on ne savait, en tout cas elle en avait effacé les dernières traces.

Et il semblait à Törless qu'il en éprouvât du plaisir. En ce moment, il n'aimait pas les humains, les grands, les adultes. Jamais, quand l'obscurité tombait, il ne les aimait. C'était l'heure, d'ordinaire, où il les éliminait par la pensée. Le monde, alors, n'était plus pour lui qu'une maison sombre et vide ; un frémissement passait dans son cœur comme s'il lui fallait désormais chercher de chambre en chambre — des chambres sombres dont on ne savait pas ce que cachaient leurs recoins — franchir à tâtons des seuils qu'aucun pas ne franchirait plus après lui, pour atteindre enfin une salle dont les portes se fermeraient tout à coup devant et derrière lui, et où il affronterait, de ces noirs essaims, la reine elle-même. A cet instant, les verrous de toutes les autres portes qu'il aurait franchies se fermeraient aussi ; et il n'y aurait plus que les ombres des ténèbres, très loin en avant des murs, pour monter la garde à la façon d'eunuques noirs, empêchant que personne approchât.

Telle était la nature de sa solitude, depuis le jour où on l'avait laissé en plan dans la forêt, quand il avait versé tant de larmes. Elle avait à ses yeux le charme d'une femme, et aussi d'une sauvagerie inhumaine. Il sentait la femme en elle, mais le souffle de cette femme n'était qu'angoisse dans la gorge de Törless, son visage un tournoiement où s'oubliaient tous les visages humains, les mouvements de ses mains des frissons qui lui couraient sur tout le corps.

Il redoutait ces rêveries, car il était conscient de ce que leur nature secrète avait de coupable, et l'idée que de telles images pourraient prendre de plus en plus d'empire sur lui l'inquiétait. Mais elles l'assaillaient au moment précis où il se croyait le plus sérieux et le plus pur. C'était sans doute une espèce de réaction contre ces minutes où il pressentait des découvertes sensibles qui, si elles se préparaient en lui, n'en demeuraient pas moins encore au-dessus de son âge. Le développement de toute énergie morale un peu subtile commence toujours par affaiblir l'âme dont il sera peut-être un jour l'expérience la plus hardie, comme si ses racines devaient d'abord descendre à tâtons, et bouleverser le sol qu'elles sont destinées à mieux fixer plus tard : ce qui explique que les jeunes gens de grand avenir aient un passé tissé d'humiliations.

La prédilection de Törless pour certains états d'âme fut le premier symptôme d'une évolution qui s'épanouit plus tard en don d'étonnement. Une capacité tout à fait particulière et qui devint littéralement plus forte que lui. Dès lors, très souvent, il ne put s'empêcher d'enregistrer les événements, les choses, les gens, sa propre personne même, de telle manière qu'il avait à la fois le sentiment d'une impénétrabilité totale et celui d'un lien inexplicable, impossible à justifier entièrement. Ils semblaient avoir un sens palpable et pourtant n'être jamais complètement traduisibles en mots et en pensées. Entre les événements et lui, même entre ses propres sentiments et il ne savait quoi de plus intime en lui, demeurait toujours une ligne de démarcation qui reculait devant son avidité à mesure qu'il s'approchait, comme l'horizon. Plus ses pensées cernaient ses émotions de près, plus elles semblaient du même coup lui devenir étrangères et incompréhensibles, de sorte que c'était moins elles qui paraissaient s'écarter que lui s'éloigner d'elles, sans pouvoir se défaire pour autant de l'illusion qu'il s'en rapprochait.

Cette contradiction remarquable, presque inabordable, devait couvrir plus tard une longue phase de son évolution intellectuelle ; sous cette menace qui fut longtemps pour Törless le problème capital, on aurait dit que son âme allait se rompre.

Pour le moment, la gravité de ces combats ne s'annonçait que par une soudaine et assez fréquente lassitude qui alarmait Törless comme longtemps à l'avance.

aussitôt qu'une humeur ambiguë, insolite, comme ce venait d'être le cas, lui en donnait le pressentiment. Alors, il se sentait aussi faible qu'un prisonnier ou un malade condamné, séparé de soi autant que des autres ; il aurait aimé crier de désespoir devant ce vide, mais ne pouvant le faire, il se détournait de cet être grave, espérant, tourmenté et las qui était en lui, et il épiait (encore effrayé par ce brusque renoncement et déjà ravi par leur haleine chaude et coupable) les voix chuchotantes de sa solitude.

Törless, brusquement, proposa de payer. Une lueur de compréhension passa dans les yeux de Beineberg, qui connaissait ces humeurs. Törless avait horreur de cette complicité ; son aversion pour Beineberg se raviva, il se sentit souillé d'avoir quoi que ce soit en commun avec lui.

Mais ces choses allaient de pair, ou presque. La souillure est une solitude de plus, un autre sombre mur.

Sans échanger un mot, ils s'engagèrent dans les rues familières.

UNE LÉGÈRE PLUIE devait être tombée quelques minutes plus tôt, l'air était lourd et humide, une brume irisée palpitait autour des réverbères, et les trottoirs, ici et là, étincelaient.

Törless ramena son épée, qui battait sur le pavé, plus près du corps ; mais le simple claquement de ses talons lui donnait encore le frisson.

Au bout d'un moment, les pieds des deux amis foulèrent un sol plus meuble, ils s'éloignèrent du centre de la ville et empruntèrent des rues de village, plus larges, dans la direction du fleuve.

Celui-ci roulait ses eaux sombres et paresseuses avec de profonds clapotis sous le pont de bois. Il n'y avait là qu'un unique réverbère aux vitres brisées, poussiéreuses. Sa lueur, ballottée de-ci de-là par les rafales, tombait parfois sur une vague bouillonnante et s'éparpillait à sa crête. Les rondins du pont cédaient à chaque pas, roulaient en avant, en arrière...

Beineberg s'arrêta. La rive opposée était plantée d'arbres touffus, et comme la route, aussitôt après le pont, tournait à angle droit pour longer le fleuve, on aurait dit la menace d'une muraille noire, impénétrable.

Il fallut chercher attentivement pour découvrir un étroit sentier caché qui s'y enfonçait tout droit. Chaque fois que leurs vêtements frôlaient la masse des feuillages, ils déclenchaient une averse de gouttelettes. Un peu plus loin, ils durent s'arrêter de nouveau et frotter une allumette. Le silence était absolu, on n'entendait même plus le gargouillement du fleuve. Soudain, un son leur parvint de très loin, confus, brisé. On aurait dit un cri ou une mise en garde. Ou simplement l'appel d'une créature incompréhensible qui, quelque part, comme eux, traversait les broussailles. Ils s'avancèrent dans sa direction, s'arrêtèrent, reprirent leur marche. Un quart d'heure en tout pouvait s'être écoulé quand ils distinguèrent, avec un soupir de soulagement, des voix tapageuses et une musique d'accordéon.

Les intervalles entre les troncs se firent moins sombres, et quelques pas plus loin les jeunes gens atteignirent l'orée d'une clairière au centre de laquelle s'élevait avec lourdeur un bâtiment carré de deux étages. C'était l'ancien établissement de bains. Naguère, les habitants de la petite ville et les paysans des environs étaient venus s'y soigner, mais depuis des années il était à peu près vide. Une auberge mal famée, pourtant, avait trouvé à s'installer au rez-de-chaussée.

Les deux camarades firent silence un moment pour écouter.

A l'instant où Törless avançait un pied pour sortir du couvert des arbres, de lourdes bottes grincèrent là-bas sur le plancher du corridor, et un ivrogne à la démarche incertaine apparut. Derrière lui, dans l'ombre, une femme était debout, et on l'entendait murmurer d'une voix rageuse, coupante, comme si elle lui réclamait quelque chose. L'homme ricanait et se balançait sur ses pieds. Alors ce fut une espèce de prière ; mais que l'on ne comprit pas mieux. Seul était sensible le ton enjôleur de la voix. La femme maintenant s'était avancée, elle mit une main sur l'épaule de l'homme. La lune l'éclairait, éclairait son jupon, sa veste, son sourire suppliant. L'homme regardait droit devant soi, secouait la tête et gardait les mains enfoncées dans les poches. Puis il cracha, et il repoussa la femme. Elle devait avoir dit quelque chose. On comprenait maintenant ce qu'ils disaient, parce qu'ils s'étaient mis à parler plus haut.

— Alors tu ne veux pas payer ? Oh !...

— Vas-tu pas remonter une bonne fois, salope ?

— Oh ! le paysan !...

Pour toute réponse, l'ivrogne, péniblement, ramassa une pierre : « Si tu ne files pas tout de suite, idiote, je t'assomme ! » et déjà il brandissait son projectile. Törless entendit la femme monter l'escalier avec une dernière injure.

L'homme resta un moment silencieux, perplexe, la pierre dans la main. Puis il se mit à rire, regarda le ciel où la lune, d'un jaune vineux, flottait entre les nuages noirs ; puis ses regards se fixèrent sur la sombre haie des broussailles, comme s'il hésitait à foncer de ce côté-là. Prudemment, Törless retira son pied ; il sentait son cœur battre jusque dans sa gorge. Enfin l'ivrogne parut s'être décidé. Sa main lâcha la pierre. Il lança en direction de la fenêtre une énorme obscénité doublée d'un rire gras et triomphant, puis il disparut à l'angle de la maison.

Les deux amis étaient toujours immobiles.

— L'as-tu reconnue ? chuchota Beineberg. C'était Bozena.

Törless ne répondit point ; il épiait un éventuel retour de l'ivrogne. Puis Beineberg le poussa en avant. En quelques bonds rapides, prudents, évitant la lumière en forme de coin qui venait des fenêtres du rez-de-chaussée, ils atteignirent le corridor obscur. Un escalier de bois fortement tournant conduisait au premier étage. Là, on avait dû entendre leurs pas craquer sur les marches, à moins qu'une épée eût battu contre le bois : la porte du café s'ouvrit, quelqu'un vint voir qui était entré, tandis que l'accordéon brusquement se taisait et que le brouhaha des voix cessait un instant, dans l'attente.

Törless, effrayé, s'effaça contre le mur de l'escalier. Il semblait qu'on l'eût aperçu en dépit de l'obscurité, car il entendit la voix ironique de la serveuse, tandis que la porte se refermait, dire deux ou trois mots qui déclenchèrent d'interminables rires.

Sur le palier du premier étage, l'obscurité était totale. Ni Törless, ni Beineberg n'osaient faire un pas, craignant, s'ils renversaient quelque chose, d'ameuter tout le monde. Très excités, ils cherchèrent d'une main avide la poignée de la porte.

Bozena était une fille de paysan qui avait gagné la capitale où elle était entrée en condition et devenue femme de chambre.

Au commencement, tout alla pour le mieux, les manières paysannes qu'elle ne perdit jamais entièrement, pas plus que sa démarche lourde et assurée, lui valaient la confiance de ses maîtresses qui appréciaient, dans cette nature à l'odeur d'étable, la naïveté, et l'amour de ses maîtres qui en goûtaient le « bouquet ». Par caprice sans doute, peut-être aussi par insatisfaction et par une sourde nostalgie d'aventures, elle abandonna cette confortable existence. Elle devint serveuse dans un café, tomba malade, trouva refuge dans une maison de tolérance du genre chic et, peu à peu, fut rejetée vers des provinces de plus en plus excentriques à mesure que sa vie déréglée l'usait davantage.

Elle avait échoué enfin dans cette clairière où elle vivait depuis plusieurs années déjà, pas très loin de son village natal ; le jour, elle travaillait à l'auberge, le soir elle lisait des romans bon marché, fumait et, de temps en temps, « recevait ».

Elle n'était pas encore devenue laide, mais ayant le visage terriblement dépourvu de la moindre grâce, elle se donnait beaucoup de mal pour accentuer ce défaut par son comportement. Elle aimait laisser entendre qu'elle avait fort bien connu l'élégance et les façons du grand monde, mais qu'elle avait dépassé tout cela. Elle ajoutait volontiers qu'elle s'en fichait pas mal, et d'elle-même, et de tout. Ce qui lui valait, en dépit de sa déchéance, une certaine considération de la part des jeunes paysans des environs. S'ils crachaient en prononçant son nom, s'ils se croyaient tenus d'être plus grossiers encore vis-à-vis d'elle que vis-à-vis des autres filles, ils étaient, au fond, diablement fiers de cette « créature perdue » qui, sortie de leur milieu, avait eu le privilège d'observer le monde démaquillé. Seuls et en cachette sans doute, mais fidèlement, ils revenaient la voir. Bozena découvrait là, au milieu d'une existence misérable, une dernière étincelle de fierté, une dernière chance de justification. Mais peut-être retirait-elle une satisfaction plus grande encore de ses contacts avec les « petits messieurs » de l'Ecole. Pour eux, elle déployait exprès ses aspects les plus grossiers et les plus repoussants : « Ça ne les empêcherait pas de ramper, s'il le fallait, pour venir me voir », aimait-elle à dire.

Quand les deux amis entrèrent, elle était étendue sur son lit, fumant et lisant comme à l'ordinaire.

Törless, encore debout dans l'embrasure de la porte, s'imprégnait avidement de cette vision.

— Mon Dieu, les jolis poulets ! s'écria Bozena d'un ton moqueur en toisant non sans quelque dédain les arrivants. Alors, baron ? Et si maman l'apprenait ?

Tel était le style de ses entrées en matière.

— Oh ! la ferme !... grogna Beineberg en s'asseyant près d'elle sur le lit. Törless s'assit un peu à l'écart ; il était dépité que Bozena ne se souciât point de lui et feignît de ne pas le connaître.

Les derniers temps, les visites à cette femme étaient devenues son unique, sa secrète joie. Dès la fin de la semaine il perdait patience, et c'est à peine s'il pouvait attendre le dimanche soir où il se glissait furtivement chez elle. C'était cela surtout, cette nécessité du furtif, qui le préoccupait. Si les ivrognes du café, par exemple, un instant avant, s'étaient mis en tête de lui donner la chasse ? Pour le simple plaisir de flanquer une « dégelée » au petit aristo vicieux ? Il n'était pas lâche, mais il se savait, ici, sans défense. Sa jolie épée, en face de ces gros poings, lui apparaissait dérisoire. Et l'humiliation, la punition qui s'ensuivraient ? Il ne lui resterait plus qu'à fuir, ou à supplier. Ou à se faire protéger par Bozena. A cette idée, il tressaillit. C'était cela, rien que cela, pas autre chose ! Ce qui chaque fois l'attirait, c'était cette angoisse même, cet abandon de soi : quitter sa position privilégiée, se mêler au peuple... non! descendre plus bas que lui...

Il n'était pas vicieux. Au moment de l'acte l'emportaient immanquablement sa répugnance à commencer et la crainte des conséquences possibles. Seule son imagination avait pris une direction malsaine. Quand les jours de la semaine, l'un après l'autre, avaient pesé de tout leur poids de plomb sur sa vie, ces charmes corrosifs entraient en action. Les souvenirs de ses visites composaient peu à peu une tentation d'une espèce particulière. Il découvrait en Bozena la victime d'une monstrueuse déchéance et dans ses rapports avec elle, les émotions qui leur étaient liées, une sorte de rite cruel qui eût exigé le sacrifice de lui-même. Ce qui le fascinait, c'était l'obligation d'abandonner tout ce qui l'emprisonnait d'ordinaire, ses privilèges, les pensées et les sentiments qu'on lui inoculait, tout ce qui l'étouffait sans rien lui apporter. Ce qui le fascinait, c'était de courir, nu, dépouillé de tout, chercher refuge auprès de cette créature.

En quoi il ne se distinguait pas beaucoup des autres adolescents. Bozena eût-elle été pure et belle et lui-même en mesure d'aimer, qu'il eût peut-être enfoncé ses dents dans sa chair, aiguisé leur volupté jusqu'au martyre. Car la première passion de l'âge d'homme n'est point amour pour telle ou telle, mais haine pour toutes. Le sentiment de n'être pas compris du monde et le fait de ne le point comprendre, loin d'accompagner simplement la première passion, en sont l'unique et nécessaire cause. Et cette passion elle-même n'est qu'une fuite où être deux ne signifie qu'une solitude redoublée.

La première passion est brève presque toujours, et laisse un arrière-goût d'amertume. Elle est erreur et déception. Après coup, on ne se comprend plus et l'on ne sait sur qui rejeter la faute. C'est que les protagonistes de ce drame n'ont la plupart du temps que des rapports accidentels : compagnons de hasard, et de déroute. Une fois tranquillisés, ils ne se reconnaissent plus. Ce qu'ils ont de commun leur échappant, ils ne voient plus que ce qui les sépare.

L'unique différence dans le cas de Törless était qu'il fût seul. Cette prostituée avilie et vieillissante n'était pas en mesure de libérer toutes les forces en lui latentes. Néanmoins, elle était assez femme pour amener prématurément à la surface, si l'on peut ainsi parler, des parcelles de sa personnalité qui attendaient encore, tels des germes, le moment de la fécondation.

Voilà quelles étaient alors ses étranges pensées et les tentations de son imagination. Mais il y avait des jours où il se serait aussi bien roulé par terre en hurlant de désespoir.

Bozena persistait à ne pas s'occuper de Törless. Elle semblait le faire par malignité, pour le seul plaisir de l'irriter. Soudain, elle s'interrompit :

— Donnez-moi des sous, j'apporterai du thé et de l'eau-de-vie.

Tõrless lui tendit une des pièces d'argent que sa mère lui avait données l'après-midi même.

Bozena prit un réchaud à alcool bossué sur le rebord de la fenêtre et l'alluma ; puis elle descendit l'escalier, lentement, en traînant les pieds.

Beineberg poussa son camarade du coude.

— Pourquoi fais-tu cette tête ? Elle va croire que tu as la frousse.

— Laisse-moi tranquille, répondit Tõrless, je ne suis pas en forme. Je te laisse t'occuper d'elle. A propos, pourquoi en revient-elle toujours à ta mère ?

— Depuis qu'elle sait mon nom, elle prétend avoir été en service chez ma tante où elle aurait connu ma mère. Ce doit être vrai en partie ; mais elle y ajoute des mensonges, pour le plaisir ; encore que je comprenne mal en quoi ça l'amuse.

Tõrless rougit ; une drôle d'idée lui était venue. Mais Bozena réapparut avec l'eau-de-vie et, s'étant assise sur le lit à côté de Beineberg, elle reprit aussitôt la conversation amorcée.

— Oui, ta maman était une belle fille. Avec tes oreilles en feuille de chou, on ne peut pas dire que tu lui ressembles. Et pas bégueule, avec ça. Sûrement qu'elle aura tourné la tête à plus d'un homme. Et elle a bien fait.

Après un silence, elle parut avoir retrouvé un souvenir particulièrement amusant :

— Tu te rappelles ton oncle, l'officier de dragons ? Je crois qu'il s'appelait Charles, c'était un cousin de ta mère ; il lui faisait une fameuse cour, à ce moment-là ! Mais un dimanche, pendant que ces dames étaient à l'église, il est monté derrière moi. A tout moment il fallait que je lui apporte autre chose dans sa chambre.

Un sacré type, je peux te le dire, et qui ne tournait pas autour du pot...

Elle accompagna ces derniers mots d'un rire insinuant. Puis elle se remit à broder sur un thème qui visiblement lui plaisait. Ses propos étaient très familiers, et au ton qu'elle y mettait, on aurait dit qu'elle cherchait à salir tous ceux dont il lui arrivait de parler.

— Je crois bien qu'il ne déplaisait pas non plus à ta mère. Si elle avait appris tout ça !... Sûrement que ta tante aurait été obligée de nous ficher dehors, lui et moi ! C'est comme ça, les dames bien, surtout quand elles n'ont pas encore de type. Chère Bozena par-ci, chère Bozena par-là, du matin au soir ! Mais quand la cuisinière a commencé de s'arrondir, ah la la ! quel raffût ! Je parie qu'elles pensaient que nous autres, on ne se lave pas les pieds plus d'une fois l'an. Elles ne lui ont rien dit, à la cuisinière, mais je pouvais les entendre quand je me trouvais là au moment qu'elles en parlaient. Ta mère faisait une tête à ne plus vouloir boire jamais que de l'eau de Cologne. Sur ce, il n'a pas fallu longtemps pour que ta tante ait elle aussi un ventre qui lui touchait presque le nez...

Tandis que Bozena parlait, Törless se sentait à peu près incapable de résister au venin de ses grossières allusions.

Ce qu'elle décrivait, il croyait le voir revivre sous ses yeux. La mère de Beineberg devenait sa propre mère. Il se rappelait les pièces si claires de l'appartement de ses parents. Les visages soignés, propres, inaccessibles qui souvent, lors des dîners, lui avaient inspiré un certain respect. Les mains froides, élégantes, qui semblaient ne jamais déchoir, même pour manger. Une foule de détails analogues lui revenait, et il eut honte d'être là dans cette petite chambre malodorante, et de trembler pour répondre aux propos humiliants d'une putain. Le souvenir de l'élégance d'une société où jamais les formes n'étaient négligées un instant fut plus puissant sur lui que toute considération de morale. Le chaos de ses obscures passions lui parut soudain ridicule. Il vit, avec l'intensité d'une vision, le geste glacial de la main, le sourire scandalisé avec lesquels on l'écarterait comme un animal répugnant. Il n'en restait pas moins pour ainsi dire collé à son siège.

C'est qu'avec chaque détail dont il se souvenait ne l'envahissait pas seulement la honte, mais toutes sortes de viles pensées. Les premières lui étaient venues quand Beineberg lui avait expliqué les propos de Bozena, et c'est pourquoi il avait rougi brusquement.

A ce moment-là, il n'avait pu s'empêcher de penser à sa mère ; pensée maintenant si bien ancrée qu'il ne la pouvait plus chasser. D'abord, ç'avait effleuré simplement sa conscience, lueur trop éloignée pour être distincte, aux confins du cerveau, éclair aperçu au passage, à peine une pensée. Très vite s'était déclenchée une série de questions dont le rôle était de cacher, d'absorber cet éclair : « Qu'est-ce donc qui permet que Bozena rapproche sa vile existence de celle de ma mère ? qu'elle cohabite avec celle-ci dans l'étroitesse d'une même pensée ? Comment se fait-il qu'elle n'enfouisse pas son front dans la poussière quand elle est amenée à en parler ? Pourquoi le langage ne manifeste-t-il pas, comme par une sorte d'abîme, que ces deux femmes ne peuvent rien avoir, absolument rien, de commun ? Qu en est-il en effet ? Cette femme représente pour moi un condensé de toutes les convoitises, et ma mère est un être qui circulait jusqu'à maintenant pareille à un astre au-dessus de ma vie, au-delà de tout désir, dans un ciel parfaitement bleu, limpide et sans profondeur... »

Mais toutes ces questions n'étaient pas l'essentiel : c'est à peine si elles l'effleuraient. Elles étaient un élément secondaire qui n'était venu à l'esprit de Törless qu'après coup. Si elles se multipliaient, c'est qu'aucune ne frappait juste. Elles n'étaient qu'échappatoires, périphrases pour voiler le fait que s'était produite préconsciemment, soudainement, instinctivement une association de sentiments qui répondait à toutes ces questions avant même qu'elles eussent été formulées, et dans un mauvais sens. Törless, dévorant Bozena des yeux, ne pouvait pas ne pas penser à sa mère ; à travers lui un rapport s'établissait entre elles ; tout le reste n'était qu'effort désespéré pour échapper aux nœuds de cette pensée. Tel était le seul fait avéré. Mais celui-ci, par l'impossibilité où était Törless d'en secouer le joug, prenait une signification obscure et terrifiante qui accompagnait tous ses efforts comme un sourire perfide.

Pour essayer de chasser cette pensée, Törless regarda autour de lui dans la chambre. Mais elle avait déteint maintenant sur toute chose. Le petit poêle de fonte avec son couvercle rouillé, le lit aux pieds branlants et au cadre verni dont la couleur par places s'écaillait, les draps dont on devinait la saleté par les trous du vieux couvre-lit ; puis Bozena elle-même, sa chemise dont une bretelle avait glissé sur l'épaule, le rose vulgaire de son jupon, son rire bruyant, jacassant ; Beineberg enfin, dont le comportement, comparé à son attitude habituelle, évoquait à l'esprit de Törless celui d'un prêtre licencieux qui, devenu fou, glisserait des propos équivoques dans les graves formules d'une prière... tout cela allait dans un seul et même sens, tout cela ne cessait d'assiéger Törless et d'imposer à ses pensées une même obsédante direction.

Ses regards qui erraient, angoissés, d'un objet à l'autre ne trouvèrent de répit qu'en un seul point. Ce fut au-dessus des petits rideaux de la fenêtre, où l'on voyait le ciel avec ses nuages, et la lune, immobile.

Ce fut comme s'il était sorti tout à coup dans l'air frais et tranquille de la nuit. Un instant, ses pensées en demeurèrent suspendues. Puis un souvenir agréable lui revint. La maison de campagne qu'ils avaient habitée l'été précédent. Les nuits dans le parc silencieux. Un ciel de velours sombre, le tremblement des astres. La voix de sa mère venant des profondeurs du jardin où elle se promenait avec son père, sur les allées de gravier qui luisaient doucement. Des chansons qu'elle chantonnait. Mais là (un frisson glacé courut sur son corps), il retrouvait l'angoissant rapprochement. Que ressentaient-ils alors, tous les deux ? De l'amour ? L'idée lui en venait pour la première fois. Mais non, l'amour était tout autre chose. Pas une chose pour les grandes personnes, moins encore pour ses parents. Etre assis la nuit à la fenêtre ouverte et se sentir abandonné, différent des grands, incompris et moqué par chaque sourire, chaque regard, ne pouvoir expliquer à personne l'importance que l'on se sent déjà, rêver de celle qui le comprendrait... voilà l'amour ! Il suppose qu'on soit jeune et seul. Chez eux ce devait être quelque chose de tout différent, de paisible, d'équilibré. Simplement, maman chantait le soir dans le jardin sombre, elle était gaie...

Mais c'était cela justement que Törless ne comprenait point. Les patients projets qui, pour l'adulte, sans qu'il s'en aperçoive, tressent les jours en mois et en années, lui étaient inconnus. Comme cet émoussement de la sensibilité qui fait qu'on ne s'inquiète même plus de voir un autre jour finir. Sa vie à lui se concentrait sur chaque journée prise isolément. Chaque nuit lui représentait un néant, une tombe, une extinction. Il n'avait pas appris encore à se coucher tous les soirs pour mourir sans y accorder d'importance.

Aussi avait-il toujours supposé derrière ces apparences la présence de quelque chose qu'on lui cachait. Les nuits lui semblaient de sombres porches sur des joies inconnues dont on ne lui avait pas livré le secret, ce pour quoi sa vie restait vide et malheureuse.

Il se souvint d'avoir été frappé un de ces soirs-là chez sa mère par un rire inhabituel, par la façon badine qu'elle avait eue de se serrer plus étroitement contre son mari. Cela ne permettait aucun doute. Là aussi, il devait exister une porte pour sortir de l'univers de ces êtres irréprochables et sereins. Et maintenant qu'il savait, il ne pouvait réprimer un sourire qui traduisait la méfiance perfide contre laquelle il se défendait vainement...

Bozena cependant parlait toujours. Törless ne l'écoutait que d'une oreille. Elle parlait de quelqu'un qui venait aussi presque tous les dimanches.

— Comment s'appelle-t-il déjà ? Il est de ta volée...

— Reiting ?

— Non.

— Comment est-il ?

— A peu près de la taille de celui-là, dit Bozena en montrant Törless, sauf qu'il a la tête un peu grosse.

— Ah ! Basini ?

— Oui, c'est ça. Un type marrant. Et distingué : il ne boit que du vin. Mais un idiot. Il dépense un argent fou, et tout ce qu'il me demande, c'est d'écouter ses histoires. Il veut m'épater avec toutes les aventures qu'il aurait eues chez lui : mais qu'est-ce qu'il en aurait fait ? Je vois bien que c'est la première fois de sa vie qu'il va chez une femme. Toi aussi tu n'es qu'un gamin, mais tu es dégourdi ; lui c'est un maladroit, il a la frousse, sinon il ne m'expliquerait pas en long et en large comment les libertins — oui ! c'est le mot qu'il a employé ! — doivent en user avec les femmes. Il prétend que les femmes ne sont bonnes qu'à ça : j'aimerais bien savoir où des blancs-becs comme vous ont appris ces leçons ?

Pour toute réponse, Beineberg ricana, ironique.

— Ris tant que tu voudras ! dit Bozena égayée. Je lui ai demandé une fois s'il n'aurait pas honte de parler ainsi devant sa mère. « Ma mère ? ma mère ? m'a-t-il répondu, qu'est-ce que c'est ? Ça n'existe plus. J'ai laissé ça à la maison avant de venir chez toi... » Oui, tu as beau allonger tes grandes oreilles, c'est comme ça que vous êtes ! De bons fils, on peut le dire, ces petits messieurs ! Vos mamans, je crois bien qu'elles finiront par me faire pitié, à la longue...

A ces mots, Törless se revit tel qu'il s'était vu naguère, un jeune homme coupant les ponts derrière soi et trahissant l'image de ses parents. Maintenant, il lui fallait découvrir qu'en agissant ainsi, il n'accomplissait même pas un exploit effrayant, que sa conduite était parfaitement banale. Il eut honte. Mais ses autres pensées lui revinrent à leur tour. Eux aussi le font ! Ils te trahissent ! Tu as des complices inavoués ! Peut-être est-ce un peu différent pour eux, mais ils connaissent sûrement ce que tu connais : la joie secrète et terrifiante. Quelque chose où l'on peut s'engloutir, engloutir son angoisse devant la monotonie des jours... Peut-être même en savent-ils plus, possèdent-ils d'extraordinaires secrets ? Ils sont si calmes le jour... Ah ! ce rire de sa mère, comme si elle allait paisiblement fermer une porte après l'autre...

Dans ce débat intérieur, il y eut un moment où Törless céda et s'abandonna complètement, le cœur serré, à la tempête.

Ce fut à ce moment précis que Bozena se leva et s'approcha de lui.

— Et le petit, pourquoi est-ce qu'il ne dit rien? Un gros chagrin ?

Beineberg murmura quelques mots avec un sourire perfide.

— Le mal du pays, hein ? La maman qui est repartie ? Et la première chose que fait ce vilain garçon, c'est de courir chez une fille comme moi !

Bozena, tendrement, enfouit ses doigts dans les cheveux de Törless.

— Allons, ne fais pas l'idiot. Embrasse-moi, plutôt. Vous autres messieurs, vous n'êtes pas en sucre non plus.

Ce disant, elle lui pencha la tête en arrière.

Törless voulut dire quelque chose, rassembler ses esprits pour lancer quelque grivoiserie, il sentait que l'essentiel maintenant était de pouvoir dire n'importe quoi d'insignifiant, mais il ne parvint pas à s'arracher le moindre son. Avec un sourire pétrifié, il regardait fixement le visage avili qui se penchait sur le sien, ces yeux vagues, puis le monde extérieur commença de se réduire, recula de plus en plus... Un instant, émergea comme pour le bafouer l'image du jeune paysan avec sa pierre... puis il se retrouva complètement seul.

DIS DONC, je l'ai eu ! chuchota Reiting.

— Qui ?

— Le voleur de casiers !

Törless et Beineberg venaient de rentrer. L'heure du dîner était proche, déjà le surveillant de service avait quitté la classe. Des groupes bavards s'étaient formés entre les tables vertes, la salle bourdonnait d'une chaude animation.

C'était une salle d'école classique, avec des murs blancs, un grand crucifix noir et les portraits du couple impérial de part et d'autre du tableau. A côté du grand poêle de fonte qui n'était pas allumé encore étaient assis, les uns sur le podium, les autres sur des chaises retournées, les jeunes gens qui avaient accompagné à la gare, dans l'après-midi, les parents Törless. Outre Reiting, il y avait l'interminable Hofmeier et Diouche, un petit comte polonais que l'on ne connaissait que sous ce surnom.

La curiosité de Törless s'était éveillée.

Les « casiers » se trouvaient au fond de la salle : c'étaient de longues caisses divisées en un grand nombre de compartiments que les élèves pouvaient fermer à clef et où ils gardaient leurs lettres, leurs livres, leur argent et toutes les bagatelles imaginables.

Depuis quelque temps déjà, certains élèves se plaignaient qu'il leur manquât de petites sommes, sans pouvoir cependant émettre d'hypothèses précises.

Beineberg fut le premier à pouvoir affirmer en toute certitude qu'une somme assez élevée lui avait été volée, une semaine plus tôt. Reiting et Törless étaient seuls à le savoir. Ils soupçonnaient les domestiques.

— Alors, raconte ! dit Törless.

Mais Reiting lui fit un petit signe discret.

— Chut ! Plus tard. Personne n'en sait rien encore.

— Un domestique ? chuchota Törless.

— Non.

— Donne-nous au moins une idée !

— Reiting, se détournant des autres, dit à voix basse :

— B.

Personne hormis Törless n'avait compris un traître mot de ce prudent dialogue. Mais la nouvelle le renversa. B. ? Ce ne pouvait être que Basini ! Et ce n'était pas concevable ! Sa mère avait une grosse fortune, son tuteur était une « Excellence »... Törless se refusait à le croire, quand le souvenir des propos de Bozena traversa brusquement sa mémoire.

Il ne pouvait plus attendre le moment où les autres iraient dîner. Beineberg et Reiting restèrent en prétextant qu'ils avaient goûté trop abondamment.

Reiting suggéra que le mieux serait de commencer par aller « en haut ».

Ils sortirent dans le corridor qui s'allongeait à perte de vue devant la porte de la classe. Les flammes vacillantes des lampes à gaz ne l'éclairaient que sur de très petites distances, et les pas résonnaient de niche en niche, à si petit bruit qu'on avançât.

A une cinquantaine de mètres de la porte, un escalier conduisait au deuxième étage où se trouvaient le cabinet d'histoire naturelle, d'autres collections et un grand nombre de salles désaffectées.

A partir de cet étage, l'escalier devenait plus étroit et montait, par une succession de courtes volées à angle droit, jusqu'au grenier. Et, les vieux bâtiments étant souvent construits à rebours du bon sens avec une profusion de recoins et de marches superflues, il montait sensiblement au-dessus du niveau du grenier, de sorte que, derrière la lourde porte de fer verrouillée qui défendait l'accès de celui-ci, il fallait encore, pour y atteindre, redescendre quelques degrés de bois.

De la sorte, on découvrait soudain une pièce abandonnée, haute de plusieurs mètres, qui s'élevait jusqu'à la charpente. Dans ce lieu où plus personne, visiblement, ne se rendait, avaient été entreposés de vieux décors, vestiges d'immémoriales « soirées ».

Même au plus clair de la journée, la lumière sur cet escalier se réduisait à une pénombre vague, gorgée de vieille poussière ; car cet accès, situé dans une aile écartée de l'énorme bâtiment, n'était presque jamais utilisé.

Arrivé à la dernière volée de l'escalier, Beineberg sauta par-dessus la rampe et, en s'agrippant aux barreaux, se laissa glisser entre les décors ; Törless et Reiting suivirent son exemple. Ils purent alors prendre pied sur une caisse amenée tout exprès à cet effet, puis, d'un dernier bond, ils se trouvèrent sur le plancher.

Quand même l'œil d'un observateur situé sur l'escalier

se fût habitué à l'obscurité, il lui aurait été impossible, à cette distance, de discerner autre chose qu'un chaos de décors plus ou moins bizarrement découpés et enchevêtrés.

Pourtant, il suffit que Beineberg en eût déplacé légèrement un pour qu'un étroit passage, une sorte de boyau s'ouvrît devant les pas des conjurés.

Ils dissimulèrent la caisse qui avait facilité leur descente, et se faufilèrent entre les décors.

L'obscurité, ici, était complète, et il fallait une parfaite connaissance des lieux pour s'y retrouver.

De temps en temps, on percevait le bruissement d'une de ces hautes cloisons de toile effleurée au passage et, sur le plancher, le bruit d'averse d'une débandade de souris, tandis qu'avec un nuage de poussière montait, comme du fond de très anciens coffres, une puissante odeur de moisi.

Les trois camarades, à qui le trajet était familier, avançaient à tâtons avec d'infinies précautions, veillant à chaque pas à ne point buter sur l'une des ficelles qu'ils avaient tendues un peu au-dessus du sol en guise de piège et de signal d'alarme.

Il leur fallut un certain temps pour atteindre enfin une petite porte à leur droite, à une très courte distance du mur qui délimitait l'aire du grenier.

Quand Beineberg l'eut ouverte, ils se trouvèrent dans une pièce exiguë située au-dessous du dernier palier de l'escalier ; à la lueur vacillante d'une petite lampe à huile que Beineberg venait d'allumer, elle ne manquait pas de romanesque.

Le plafond n'était horizontal que dans la partie située exactement au-dessous du palier, et même là, il était juste assez haut pour que l'on pût se tenir debout. Plus loin, il s'inclinait en suivant le profil oblique de l'escalier et se terminait en angle aigu. Du côté opposé s'élevait la mince cloison qui séparait le grenier de la cage d'escalier, tandis que le troisième côté était formé, d'office, par la maçonnerie sur laquelle l'escalier lui-même s'appuyait. Seule la seconde cloison latérale, celle où était ménagée la porte, semblait avoir été ajoutée spécialement. Sans doute devait-elle son existence à quelque projet de débarras, à moins que l'architecte, à la vue de cet obscur recoin, se fût cru au moyen âge et eût rêvé d'en faire une cachette.

Quoi qu'il en fût, on n'eût pas trouvé sans peine, dans toute l'Ecole, en dehors des trois acolytes, quelqu'un qui connût l'existence de cette pièce, à plus forte raison qui songeât à en faire un usage quelconque.

Aussi avaient-ils pu donner libre cours, dans son aménagement, à leur goût du romanesque.

Les parois étaient entièrement tendues d'une étamine rouge sang que Beineberg et Reiting avaient dénichée dans l'une des pièces du grenier, et le plancher disparaissait sous une double épaisseur de grosses couvertes qui, l'hiver venu, venaient compléter la literie des dortoirs. Dans la partie antérieure de la pièce, de petites caisses recouvertes de tissu tenaient lieu de sièges ; au fond, dans l'angle où se rejoignaient plafond et plancher, avait été installé une sorte de lit où pouvaient s'étendre trois ou quatre personnes et qu'un rideau servait à protéger de la lumière et à isoler du reste de la chambre.

A la paroi, près de la porte, était accroché un revolver, chargé.

Törless n'aimait pas cette chambre. Sans doute son

exiguïté et son isolement lui plaisaient-ils, on se serait cru dans les profondeurs d'une montagne, et avec l'odeur des vieux décors empoussiérés l'envahissaient toutes sortes de sensations délicieusement confuses. Mais l'aspect de cachette de la chambre, la ficelle d'alarme, le revolver, qui devait porter à son comble l'illusion du clandestin, lui semblaient parfaitement ridicules. Comme s'ils avaient voulu se persuader à tout prix qu'ils menaient une vie de brigands.

Si Törless jouait le jeu, c'était uniquement pour ne pas rester en arrière. Beineberg et Reiting, en revanche, prenaient ces choses terriblement au sérieux. Törless le savait. Il savait que Beineberg possédait de fausses clefs pour toutes les portes des caves et des greniers de l'Ecole, qu'il disparaissait souvent de la classe pendant des heures pour aller s'installer Dieu savait où (dans les plus hauts chevrons de la charpente ou sous terre, au fond de l'un des innombrables recoins à demi ruinés des caves), lisant à la lueur d'une petite lampe dont il ne se séparait jamais des récits d'aventure, ou méditant sur les problèmes de l'Au-delà.

Il en savait autant de Reiting. Celui-ci avait aussi ses cachettes où il serrait ses journaux intimes ; journaux noircis de téméraires projets d'avenir, et d'indications extrêmement précises sur les causes, la mise en scène et le déroulement des innombrables intrigues qu'il ourdissait parmi ses camarades. Reiting, en effet, ne mettait rien au-dessus du plaisir de dresser les élèves les uns contre les autres, de subjuguer l'un avec la complicité de l'autre et de se repaître de complaisances et de flatteries extorquées sous la surface desquelles il pouvait deviner encore la résistance de la haine.

« Je m'exerce », telle était l'unique excuse qu'il jugeât bon de donner, et qu'il donnait d'ailleurs avec le plus gracieux sourire. C'était aussi pour « s'exercer », sans doute, que presque tous les jours, dans un endroit écarté, il boxait contre un mur, un arbre ou une table, histoire de se faire des bras robustes et des mains calleuses.

Törless était au courant de tout cela, mais il ne le comprenait que jusqu'à un certain point. Une ou deux fois, il avait accompagné Beineberg ou Reiting sur leurs bizarres chemins. L'insolite lui avait plu. Et aussi de retrouver ensuite la lumière du jour, la gaieté sereine des élèves, alors qu'il sentait palpiter encore dans ses yeux et dans ses oreilles les émotions de la solitude et les hallucinations de l'ombre. Mais quand Beineberg et Reiting, dans leur désir d'avoir un auditeur complaisant, profitaient d'une de ces occasions pour lui expliquer longuement leurs mobiles, il ne les suivait plus. Reiting lui paraissait même un peu timbré. Celui-ci adorait rappeler que son père, après avoir été toute sa vie un modèle d'instabilité, avait disparu un beau jour sans que l'on sût pourquoi. Son nom n'était probablement qu'un masque destiné à cacher une famille de la plus haute noblesse. Il s'attendait que sa mère l'initiât au secret de revendications considérables ; il rêvait de coups d'Etat et de grande politique ; aussi voulait-il devenir officier.

Törless était tout à fait incapable de comprendre de pareilles ambitions. Le temps des révolutions lui semblait passé définitivement. Néanmoins, Reiting s'entendait à passer aux actes, leur portée fût-elle encore réduite. C'était un vrai tyran, impitoyable à quiconque lui résistait. Ses partisans changeaient tous les jours, mais il avait constamment la majorité pour lui. Là était son plus grand talent. Un ou deux ans plus tôt, il avait engagé contre Beineberg une guerre terrible qui s'était achevée par la défaite de celui-ci. Finalement, Beineberg s'était vu presque totalement isolé, bien qu'il n'eût pas grand-chose à envier à son adversaire pour le sang-froid, le don de juger autrui et le pouvoir d'exciter l'antipathie à l'égard de qui lui déplaisait. Ce qui lui manquait, c'était le charme, la séduction de Reiting. Son flegme, l'onction de ses discours philosophiques éveillaient presque immanquablement la méfiance. On supposait au plus profond de son être les pires excès. N'empêche qu'il avait donné à Reiting beaucoup de fil à retordre, et que la victoire de ce dernier avait été, ou peu s'en faut, l'effet du hasard. Depuis lors, ils avaient jugé plus opportun d'unir leurs forces.

Toutes ces histoires laissaient Törless indifférent. Aussi n'y montrait-il nulle adresse. Il n'en était pas moins prisonnier de cet univers, et chaque jour il pouvait constater de ses yeux ce que c'était d'avoir le premier rôle dans un Etat (puisque chaque classe, dans ces Ecoles, est un petit Etat en soi). De ce fait, il éprouvait un certain respect, mêlé de crainte, pour ses deux camarades. Les velléités qu'il avait parfois de rivaliser avec eux ne dépassaient pas le stade de l'amateurisme. Sa position par rapport à eux fut donc, d'autant qu'il était le cadet, celle d'un disciple ou d'un assistant. Il bénéficiait de leur protection, mais on appréciait ses conseils : il était, des trois, l'esprit le plus mobile. Une fois lancé sur une piste, il était capable d'imaginer à perte de vue les plus subtiles chicanes. Personne ne pouvait prévoir avec autant d'exactitude que lui ce que l'on devait attendre de tel ou tel individu dans telle ou telle situation. Mais, dès qu'il s'agissait de prendre une décision, de choisir l'une de ces possibilités psychologiques, d'en courir le risque et d'agir en conséquence, il flanchait, perdant à la fois tout intérêt pour l'entreprise et toute énergie. Cependant, ce rôle de chef d'état-major clandestin l'amusait : d'autant plus que c'était son unique distraction, ou presque, au sein du plus profond ennui.

Quelquefois, pourtant, il prenait conscience de ce qu'il perdait par la faute de cette sujétion intérieure. Il sentait que tout ce qu'il faisait n'était qu'un jeu, l'aidait simplement à supporter cette période larvaire de sa vie, et sans le moindre rapport avec sa véritable personnalité qui ne devait apparaître qu'ensuite, dans un délai encore indéterminé.

Il y eut des occasions où, devant le sérieux que ses amis apportaient à leurs entreprises, il sentit que son intelligence refusait de les suivre. Il aurait aimé se moquer d'eux, mais il craignait que leurs extravagances ne dissimulassent plus de réalité qu'il n'était capable d'en concevoir. Dans une certaine mesure, il se sentait écartelé entre deux mondes : l'un, solidement bourgeois, dans lequel tout se passait selon la raison et la règle, ainsi qu'il en avait pris l'habitude à la maison ; l'autre, romanesque, peuplé d'ombres, de mystère, de sang, d'événements absolument imprévisibles. Il semblait que ces deux mondes fussent incompatibles. Un sourire railleur qu'il aurait pourtant bien aimé garder constamment sur ses lèvres luttait avec des frissons dans le dos : d'où le papillotement de ses pensées...

Alors, il rêvait de découvrir enfin en lui-même une détermination, des besoins précis, qui opérassent une distinction tranchée entre le bon et le mauvais, l'utilisable et l'inutilisable ; de se voir faire un choix, même erroné : cela eût mieux valu finalement que cette réceptivité excessive qui absorbait indifféremment n'importe quoi...

A peine avait-il pénétré dans la petite pièce qu'il était redevenu, comme toujours dans ce décor, la proie de cette division intérieure.

Reiting entre-temps avait commencé son récit.

Basini lui devait de l'argent, et en avait ajourné le paiement à plusieurs reprises ; avec, chaque fois, sa parole d'honneur. Je n'avais rien contre, fit Reiting. Plus on allait, plus je le tenais sous ma dépendance. Trahir deux ou trois fois sa parole d'honneur, c'est quelque chose, non ? Mais finalement j'ai eu besoin de mon argent. Je le lui ai fait remarquer, et il a juré de plus belle. Sans tenir parole davantage, bien entendu. Là-dessus, je l'ai menacé de le dénoncer. Il me demanda un sursis de deux jours sous prétexte qu'il attendait un envoi de son tuteur. Moi, entre-temps, je m'étais renseigné tant soit peu sur sa situation. Je voulais savoir s'il n'y avait pas quelqu'un d'autre dont il fût encore l'obligé. Après tout, on a le devoir de se tenir au courant.

Ce que j'appris ne m'enchanta pas précisément. Il devait de l'argent à Diouche et à quelques autres. Il s'était acquitté déjà partiellement de ces dettes-là, bien entendu sur l'argent que je lui avais prêté. Les autres le talonnaient. Cette histoire m'irrita. Me prenait-il pour le plus coulant ? Cela ne m'eût pas beaucoup plu. Mais je me dis : « Patience. L'occasion de le corriger viendra bien. » Un jour, en passant, il m'avait mentionné le montant de la somme qu'il attendait, histoire de me rassurer, puisque celui-ci était supérieur à ce qu'il me devait. Là-dessus, j'interrogeai les autres et je pus constater que cette somme serait fort loin de suffire à l'ensemble de ses dettes. « Oh ! oh ! pensai-je, il va donc tenter le coup une fois de plus ! »

Je ne me trompais pas. Il vint me trouver en grand secret en me demandant un peu de patience encore, tant les autres le serraient de près. Cette fois, je restai de glace. « — Va supplier les autres, lui dis-je, je n'ai pas l'habitude de passer après eux. — Toi, je te connais mieux, j'ai confiance en toi, répondit-il dans une dernière tentative. — Voici mon dernier mot : tu m'apportes l'argent demain, ou je t'impose mes conditions. — Quelles conditions ? demanda-t-il. » J'aurais voulu que vous l'entendiez : prêt à vendre son âme ! « — Quelles conditions ? Oh ! oh ! Que tu me serves de second dans toutes mes entreprises. — Rien de plus ? Bien sûr que je le ferai, de toute façon, je serai heureux d'être de ton côté. — Non ! pas seulement si ça te plaît à toi : tu devras faire tout ce que je veux, dans une obéissance *aveugle !* » Alors il m'a regardé de travers, drôlement, dans un mélange de ricanement et de gêne. Il se demandait jusqu'où il pouvait aller, jusqu'à quel point je parlais sérieusement. Sans doute m'aurait-il promis volontiers n'importe quoi, mais il devait craindre que je n'aille aussitôt le mettre à l'épreuve. Finalement, il est devenu tout rouge et il m'a dit : « Je t'apporterai l'argent. » Moi il m'amusait, c'était un type que je n'avais pas remarqué jusqu'alors parmi les cinquante autres. Il n'avait jamais compté, non ? Et tout à coup, je le voyais de si près que pas un détail de sa personne ne m'échappait. Je ne doutai pas qu'il fût prêt à se vendre : sans même faire beaucoup d'histoires, à condition que personne n'en sût rien. Pour une surprise, c'était une surprise, et il n'est rien de plus merveilleux que de voir un être se révéler de la sorte, et ses façons, jusqu'alors passées inaperçues, apparaître au grand jour comme les couloirs creusés par les cirons quand on a fendu une bûche...

Le lendemain, naturellement, il m'apporta l'argent. Mieux que cela : il m'invita à prendre quelque chose avec lui en ville. Il commanda du vin, des gâteaux, des cigarettes, et me pria d'accepter ce témoignage de *gratitude* pour la patience dont j'avais fait preuve à son égard. La seule chose qui me déplut était qu'il mît tant d'innocente amabilité dans son attitude, comme s'il n'y avait jamais eu entre nous la moindre parole blessante. Je le lui dis ; il redoubla de cordialité. On aurait cru qu'il voulait me refuser toute prise sur lui et se retrouver avec moi sur un pied d'égalité. Il feignait que tout fût oublié, et à chaque tournant de phrase m'assurait de son amitié ; mais il y avait dans ses yeux quelque chose qui s'agrippait à moi comme s'il craignait que ce sentiment artificiel d'intimité ne durât point. Il finit par me dégoûter. Je me dis : « Croit-il par hasard que je vais me laisser faire ? » et je cherchais quelle leçon je pourrais bien lui donner. Je voulais une leçon qui le blessât vraiment. Je me souvins alors que Beineberg, le matin même, m'avait dit qu'on lui avait volé de l'argent. Cela me revint à l'esprit tout à fait par hasard ; puis cette pensée insista, et j'en eus comme la gorge serrée. « Ça tomberait vraiment à pic », me dis-je ; je lui demandai à tout hasard combien il lui restait d'argent. Il me le dit, et le rapide calcul que je fis concordait. « — Qui donc a été assez stupide pour te prêter encore ? lui demandai-je en riant. — Hofmeier », répondit-il.

Je crois que j'ai frémi de joie : Hofmeier était venu me voir deux heures avant pour m'emprunter à son tour de l'argent. L'idée qui m'était passée par la tête quelques minutes plus tôt se vérifiait. Tout comme si tu te disais, par pure plaisanterie : « Voilà une maison qui va brûler sous peu », et que l'instant d'après tu en voies fuser des flammes hautes de plusieurs mètres...

Une fois de plus, rapidement, je passai en revue toutes les possibilités ; sans doute la certitude était-elle exclue pour le moment, mais mon sentiment me suffit. Je me penchai vers Basini et je lui dis, avec toute la suavité imaginable, comme si je lui enfonçais tout doucement un bâtonnet pointu dans le cerveau : « Voyons, mon cher Basini, pourquoi cherches-tu à m'avoir ? » A ces mots, je vis ses yeux qui avaient l'air tout à coup de flotter dans leurs orbites, mais je poursuivis : « Il y a sûrement des quantités de types que tu peux faire marcher, mais pas moi. Tu sais bien, n'est-ce pas, que Beineberg... » Il ne rougit ni ne blêmit ; il semblait attendre qu'un quelconque malentendu se dissipât. « En un mot, dis-je alors, l'argent qui t'a permis de me payer, tu l'as volé cette nuit dans le casier de Beineberg ! »

Je me renversai en arrière pour observer sa réaction. Il était devenu ponceau ; la bave lui vint aux lèvres comme si les mots qu'il aurait voulu dire l'étouffaient ;

enfin il réussit à parler. Ce fut un véritable déluge de reproches à mon endroit : comment j'osais émettre une affirmation pareille ; quelle preuve, fût-ce la plus vague, je pouvais apporter à l'appui d'une hypothèse aussi injurieuse ; que je ne faisais que lui chercher querelle parce qu'il était le plus faible ; que j'agissais ainsi par dépit à l'idée que le règlement de ses dettes le libérait de moi ; mais qu'il allait en appeler à la classe, au préfet, au directeur ; que Dieu témoignerait de son innocence, et ainsi de suite *ad infinitum.* Je commençais vraiment à craindre d'avoir été injuste et de l'avoir blessé à tort, tant le rouge seyait à son visage... Il avait l'air d'un petit animal sans défense contre les mauvais traitements qu'on lui a fait subir. Pourtant il m'était désagréable de céder si vite. Je gardai donc sur les lèvres, pour écouter ses discours, un sourire moqueur (qui n'était en fait qu'embarrassé). De temps en temps je hochais la tête et je disais tranquillement : « Mais je le savais bien... »

Au bout d'un moment, il se calma à son tour. Je continuais de sourire. J'avais le sentiment que ce seul sourire eût suffi à faire de lui un voleur, même s'il ne l'avais pas été déjà. Plus tard, pensais-je, j'aurai toujours le temps d'arranger ça.

Il s'écoula encore un moment pendant lequel il me regarda une ou deux fois à la dérobée ; puis, brusquement, il blêmit. Une curieuse altération s'opéra sur son visage. L'apparence de grâce innocente qui l'avait embelli disparut, aurait-on dit, en même temps que les couleurs. Il était maintenant verdâtre, gonflé, caséeux. Je n'avais vu cela qu'une fois jusqu'alors, en assistant à l'arrestation d'un assassin en pleine rue. Lui aussi avait circulé dans la foule sans que personne lui trouvât rien de particulier. Mais quand l'agent lui mit la main sur l'épaule, il devint du coup un autre homme. Son visage transformé, son regard effrayé, fixe, cherchant désespérément une issue : un vrai gibier de potence...

Voilà ce que me rappela le changement de physionomie de Basini. Désormais, je savais tout, je n'avais plus qu'à attendre.

Je n'attendis pas longtemps. Sans que j'eusse eu besoin de rien dire, Basini, poussé à bout par mon silence, se mit à pleurer et implora ma pitié. S'il avait volé, c'était pressé par la nécessité ; sans mon intervention, il aurait restitué l'argent si rapidement que personne ne se fût aperçu de rien. Je ne devais pas dire qu'il l'avait *volé :* il l'avait seulement emprunté en cachette... Ses larmes l'empêchèrent d'aller plus loin.

Puis il recommença à me supplier. Il voulait m'être tout dévoué, faire tout ce que je lui demanderais, pourvu que je ne dise rien aux autres. A ce prix, il s'offrait réellement à devenir mon esclave, et le mélange de ruse et d'angoisse avide qui se tordait au fond de ses yeux était répugnant. Je lui promis alors, brièvement, de réfléchir encore sur le sort qui lui serait réservé, en précisant que c'était là, en premier lieu, l'affaire de Beineberg. Que pensez-vous donc que nous devions faire ?

Pendant toute la durée de ce récit, Törless avait écouté les yeux fermés, sans piper mot. De temps en temps un frisson l'avait parcouru jusqu'au bout des doigts ; dans sa tête, les pensées explosaient en se bousculant comme les bulles dans l'eau qui bout. On prétend qu'il en va ainsi la première fois que l'on aperçoit la femme qui est destinée à vous entraîner dans une passion catastrophique. On prétend qu'il peut y avoir entre deux êtres un tel moment où l'âme se reploie, ramasse ses forces, retient son souffle, un moment d'extrême silence couvrant une tension extrême. Nul ne sait ce qui se passe alors. Ce moment est comme l'ombre portée de la passion : une ombre organique ; un relâchement de toutes les tensions antérieures en même temps qu'une nouvelle et brusque condensation où tout l'avenir est contenu déjà ; une incubation si concentrée qu'elle semble une piqûre d'épingle... Et ce moment est aussi un rien, un sentiment vague et obscur, une faiblesse, une anxiété...

Tels étaient les sentiments de Törless. L'histoire de Reiting et de Basini, quand il y songeait, lui apparaissait dépourvue de toute importance : un méfait dû à la légèreté et quelque veulerie de la part de Basini, à quoi succéderait immanquablement quelque féroce caprice de Reiting. D'un autre côté, il pressentait non sans appréhension que les événements venaient de prendre une tournure tout à fait personnelle en ce qui le concernait ; dans cet incident, quelque chose le visait, lui Törless, comme une pointe d'épée.

Il ne put s'empêcher d'imaginer Basini chez Bozena ; et il jeta les yeux autour de lui. Les parois de la petite chambre paraissaient le menacer, se pencher sur lui, tendre vers lui des mains sanglantes, le revolver semblait se balancer à son clou...

Pour la première fois, il y avait eu comme une pierre tombée dans la solitude indéfinie de ses rêveries : c'était *là*, contre quoi on ne pouvait rien faire, c'était la *réalité*. Hier, Basini était encore exactement semblable à lui ; une trappe s'était ouverte, Basini était tombé dedans. Tout à fait ce que disait Reiting : une brusque altération, et le même homme n'est plus le même...

De nouveau, une relation s'établit on ne sait comment avec Bozena. Törless avait blasphémé en pensée. L'odeur douceâtre, putride qui s'exhalait de ce blasphème l'avait troublé. Or cette profonde humiliation, cette capitulation, cet ensevelissement sous les feuilles oppressantes, blafardes, vénéneuses de la honte, ce qui avait traversé les rêves de Törless sous la forme d'un reflet immatériel, et lointain, Basini, lui, tout à coup, l'avait *vécu*.

C'était donc quelque chose avec quoi l'on devait compter vraiment, dont il fallait se garder, qui pouvait surgir inopinément du miroir muet des pensées ?

Alors, tout le reste était également possible. Possibles Reiting et Beineberg, possible cette chambre... Alors, il était possible que, du monde de la clarté quotidienne qu'il avait seul connu jusque-là, une porte ouvrît sur un autre monde, monde sourd, déferlant, sauvage, impudique, destructeur. Et que, des hommes dont la vie se partage entre bureau et famille, transparente et solide comme une architecture de fer et de verre, aux autres, les réprouvés, les sanglants, ceux que souillent les excès et qui errent dans des labyrinthes retentissant de voix criardes, il y eût une sorte de trait d'union, plus encore : que les frontières de leurs deux univers à chaque instant se rapprochent, se confondent en secret...

La question devenait dès lors : comment cela se

peut-il ? Que se passe-t-il en pareil moment ? Qu'est-ce qui fuse avec un grand cri vers le ciel, qu'est-ce qui s'éteint si brusquement ?

Telles étaient les questions que le récit de Reiting avait fait lever dans l'esprit de Törless. Elles montaient, confuses, lèvres closes, voilées par un sentiment obscur, incertain, faiblesse ou anxiété...

Et pourtant, certaines paroles qui semblaient retentir à une grande distance, décousues, isolées, l'emplissaient d'une frémissante impatience.

Ce fut à ce moment précis que Reiting posa sa question.

Törless se mit aussitôt à parler, sous le coup d'une impulsion soudaine, d'une sorte de bouleversement. Il lui semblait qu'un événement décisif était imminent, il avait peur de cette approche, il cherchait à s'y soustraire, à gagner du temps. Il parlait, tout en se rendant compte qu'il ne pouvait parler qu'à côté, que ses paroles ne s'appuyaient sur rien de profond, qu'elles n'exprimaient pas son opinion véritable. Il dit :

— Basini est un voleur...

La sonorité dure et nette de ce mot lui plut tant qu'il le répéta :

— ... Un voleur. Ces gens-là, où que ce soit, dans le monde entier, on les châtie. Il faut qu'il soit dénoncé, chassé de l'Ecole ! Qu'il aille s'amender ailleurs, il n'a plus rien à faire ici !

L'air désagréablement surpris, Reiting intervint :

— Non. Pourquoi pousser d'emblée les choses si loin ?

— Pourquoi ? Tu ne trouves pas ça tout naturel ?

— Du tout. Tu agis comme si les pluies de feu et de

soufre s'apprêtaient déjà à nous anéantir, pour peu que nous gardions Basini parmi nous. Nous n'en sommes pas là, tout de même !

— Comment peux-tu parler ainsi ? Tu continuerais donc à vivre, à manger, à dormir jour après jour sous le même toit qu'un type qui, après avoir volé, s'offre à te servir d'esclave, de bonne ? Je ne comprends pas. Si nous sommes éduqués ensemble, c'est que nous sommes du même monde. L'idée d'appartenir un jour au même régiment que lui, de travailler dans le même ministère, de le voir fréquenter les mêmes gens que toi, faire la cour à ta sœur peut-être, ne te répugne pas ?

— Quand je disais que tu exagérais ! dit Reiting en riant. On croirait que nous sommes membres d'une communauté à vie ! Te figures-tu peut-être que nous porterons toujours à notre revers une espèce de sceau : « Ancien élève de l'Ecole de W. » avec privilèges et devoirs spéciaux ? Plus tard, chacun de nous ira son chemin, chacun obtiendra ce qu'il est en droit d'obtenir, car il n'y a pas qu'une seule société. Je veux dire que nous aurions tort de nous casser la tête pour l'avenir. Et pour le présent, je n'ai pas dit non plus que nous devions rester amis de Basini. Il y aura toujours moyen de maintenir une distance. Basini est entre nos mains, nous pouvons faire de lui ce qu'il nous plaira ; quant à moi, je ne t'empêche pas de lui cracher au visage matin et soir, si ça te chante : quelle communauté nous liera donc, à tes yeux, aussi longtemps qu'il se laissera faire ? Et s'il se rebelle, il sera toujours temps de lui montrer qui est le maître... Abandonne donc l'idée qu'il y ait aucun lien entre Basini et nous, hors le plaisir que sa bassesse nous donne !

Bien que Törless ne fût nullement convaincu de la cause qu'il défendait, il s'enflamma de nouveau :

— Voyons, Reiting, pourquoi prends-tu si ardemment le parti de Basini ?

— Est-ce que je prends son parti ? Je n'en sais trop rien. Au fond, je n'en ai aucune raison particulière : je me fiche complètement de toute cette histoire. Ce qui m'agace, c'est de te voir exagérer à ce point. Qu'est-ce que tu t'es fourré dans la tête ? Une sorte d'idéalisme, j'imagine. Le feu sacré pour l'Ecole, pour la Justice avec un grand J. Rien de plus insipide et de plus édifiant, en vérité. A moins que... (et Reiting jeta dans la direction de Törless un regard soupçonneux), à moins que tu n'aies quelque autre raison de souhaiter le renvoi de Basini, et que tu ne tiennes pas à la découvrir. Un vieux compte à régler, peut-être ? Alors dis-le ! Si le jeu en vaut la chandelle, voilà une fameuse occasion !

Törless se tourna vers Beineberg. Celui-ci se contenta de ricaner. Il était assis à l'orientale, une longue chibouque aux lèvres, pareil, dans l'éclairage douteux, avec ses oreilles décollées, à quelque grotesque idole.

— Quant à moi, vous pouvez faire ce que vous voudrez, dit-il. Je ne me soucie ni de mon argent, ni de la justice. Aux Indes, on lui enfoncerait un bambou pointu dans le bas-ventre : ce serait au moins divertissant. Il est bête et lâche, la perte ne serait pas grande, et de toute façon le sort de ces gens-là ne m'a jamais préoccupé le moins du monde. Ils ne sont rien, et ce qui peut advenir de leur âme, nous ne le savons pas. Allah bénisse votre verdict !

Törless ne répliqua rien. A la contradiction de Reiting, à l'indifférence de Beineberg leur laissant la responsabilité de la décision, il n'avait rien à ajouter. Il n'avait plus la force de leur opposer aucune résistance ; il sentait qu'il n'avait même plus le désir de prévenir ce qui se préparait d'obscur.

Aussi une proposition faite à ce moment-là par Reiting fut-elle acceptée sans discussion. Il fut décidé de mettre Basini, provisoirement, sous surveillance, sous tutelle en quelque sorte, et de lui donner ainsi l'occasion de se racheter. Désormais, ses recettes et ses dépenses devraient être contrôlées sévèrement, et ses relations avec les autres subordonnées à l'accord des trois tuteurs.

Cette résolution avait toutes les apparences de la correction et de l'indulgence. « Insipide et édifiante », aurait pu dire Reiting, mais cette fois il ne le dit point. En effet, sans qu'ils se l'avouassent, chacun sentait qu'il s'agissait maintenant de créer une sorte d'*intérim*. Reiting aurait été dépité de devoir renoncer à la poursuite de cette affaire, puisqu'il y prenait du plaisir ; d'un autre côté, il voyait mal encore quelle tournure lui donner dans la suite. Quant à Törless, la seule idée qu'il aurait désormais affaire quotidiennement à Basini semblait le paralyser.

Quand il avait prononcé le mot « voleur », un instant il s'était senti soulagé. Comme s'il avait expulsé et écarté de lui tout ce qui fermentait dans son âme.

Mais les questions qui l'assaillirent de nouveau aussitôt après, ce seul mot ne suffit plus à les résoudre. Elles s'étaient faites plus précises en même temps qu'inéluctables.

Törless regarda Reiting, puis Beineberg, ferma les yeux, se répéta les termes de la résolution projetée, rouvrit les yeux... Il ne savait plus lui-même si c'était son imagination qui interposait entre les choses et lui un énorme verre déformant, ou si tout était réel et tel qu'il le voyait poindre, menaçant, devant lui. Beineberg et Reiting étaient-ils donc les seuls à rester à l'abri de ces questions, bien que ce fût eux, justement, qui dès le début s'étaient montrés à l'aise dans ce monde, brusquement, et pour la première fois, si étrange à ses yeux ?

Törless eut peur d'eux. Mais simplement comme on a peur d'un géant parce qu'on le sait aveugle et bête.

Une chose cependant était sûre : en un quart d'heure, il avait fait un grand pas en avant. Reculer n'était plus possible. Il se sentit curieux de ce qui allait advenir maintenant qu'il était embarqué contre sa volonté. Les mouvements de son cœur étaient encore confus, mais déjà il devinait en lui-même l'impatience d'observer les habitants de ces ténèbres que les autres ne voyaient point. Un frisson subtil courait, tel un fil, dans cette impatience. Comme si au-dessus de sa vie, désormais, allait s'éployer pour toujours un vaste ciel couvert, avec de gros nuages, d'immenses figures changeantes et cette question sans cesse réitérée : sont-ce là des monstres, ou de simples nuages ?

Et cette question lui serait réservée ! Un bien secret, étranger et interdit aux autres...

La signification que Basini devait prendre un peu plus tard dans la vie de Törless, c'est ce jour-là qu'on aurait pu, pour la première fois, l'entrevoir.

LE LENDEMAIN, Basini fut mis sous tutelle.

Non sans quelque solennité. On choisit une heure de la matinée consacrée à la gymnastique en plein air, sur les pelouses du parc, heure qu'il n'était pas difficile de « sécher ».

Reiting prononça une espèce d'allocution, pas précisément brève. Il démontra à Basini que sa légèreté le condamnait, qu'il aurait dû être dénoncé et qu'il ne devait qu'à une grâce exceptionnelle d'éviter la honte d'un renvoi.

Puis Basini fut informé des conditions. Reiting prit sur lui de veiller à leur observation.

Pendant toute cette scène, Basini fut très pâle, mais il n'ouvrit pas la bouche, et jamais son visage ne trahit ce qu'il pouvait éprouver.

A Törless, la scène parut tour à tour du plus mauvais goût et de la plus haute importance.

Beineberg avait été beaucoup plus attentif à Reiting qu'à Basini.

LES JOURS SUIVANTS, on eût presque dit l'affaire enterrée. Reiting, en dehors des leçons et des repas, était à peu près invisible, Beineberg plus taciturne que jamais ; quant à Törless, il remettait sans cesse le moment de réfléchir à cette histoire.

Basini allait et venait au milieu des autres élèves comme si de rien n'était.

Un peu plus grand que Törless, il était très fluet, avec des mouvements pleins de mollesse et de nonchalance, et un visage de fille. Médiocrement intelligent, il était l'un des plus faibles en gymnastique et en escrime, mais il possédait une sorte de charme fait de coquetterie qui n'était pas sans agrément.

S'il était allé chez Bozena, c'était uniquement pour jouer à l'homme fait. Il est certain que, retardé comme il l'était dans son développement, il ne pouvait avoir éprouvé aucun désir réel. Sans doute jugeait-il simplement nécessaire, décent et inévitable de répandre lui aussi dans son sillage un léger parfum de galanterie.

Le plus beau moment, pour lui, était celui où il quittait la fille, où c'était derrière lui, puisque la seule chose qui lui importât était le souvenir ainsi gagné.

De temps en temps, il lui arrivait aussi de mentir, par vanité. Il ne pouvait revenir de congé sans ramener quelque souvenir d'amourette, rubans, boucles, billets doux. Mais certain jour qu'ayant rapporté dans sa valise une jarretelle, une délicieuse petite jarretelle parfumée, bleu ciel, il avait dû reconnaître qu'elle n'appartenait à personne d'autre qu'à sa propre sœur, âgée de douze ans, cette fanfaronnade grotesque l'avait couvert de ridicule.

L'infériorité morale que l'on pouvait constater chez lui n'était pas séparable de sa niaiserie. Incapable de résister à aucune suggestion, il se montrait toujours surpris des conséquences. Pareil en cela à cette femme au front si joliment bouclé qui dissimule de petites doses de poison dans la nourriture quotidienne de son mari, puis s'étonne et s'effraie de la sévérité du Procureur et du verdict de mort qu'il prononce contre elle.

Törless évitait Basini. Ainsi disparut progressivement l'effroi profond qui, au premier instant, l'avait saisi et secoué comme à la racine même de ses pensées. Tout autour de lui, la raison retrouva son empire ; la stupeur perdit de jour en jour de sa consistance, telles les traces d'un rêve qui ne parviennent pas à tenir devant la réalité et la solidité du monde qu'illumine le soleil.

Pour être plus sûr encore de ce retour au calme, il écrivit à ses parents une longue lettre où il leur racontait toute l'histoire. Il ne passa sous silence que le trouble dans lequel elle l'avait jeté.

De nouveau, maintenant, il estimait que le mieux serait d'obtenir à la première occasion le renvoi de Basini. Il ne pouvait concevoir que ses parents eussent un autre avis là-dessus. Il attendait d'eux qu'ils condamnent Basini avec une rigueur horrifiée, qu'ils le rejettent en quelque sorte du bout des doigts comme on ferait d'un insecte malpropre dont on ne voudrait pas dans la chambre d'un fils.

Il ne trouva rien de tel dans la réponse qu'il reçut. Ses parents s'étaient donné beaucoup de peine, ils avaient scruté en gens raisonnables les moindres détails de l'histoire, dans la mesure où les renseignements décousus et lacunaires d'une lettre écrite en hâte leur permettaient de s'en faire une idée. Ils donnaient leur préférence au jugement le plus indulgent et le plus mesuré, d'autant qu'ils savaient devoir compter presque certainement, dans le récit de leur fils, avec les exagérations de la sensibilité juvénile. Ils approuvaient donc la décision de donner à Basini l'occasion de se réhabiliter, et laissaient entendre qu'on n'avait pas le droit de ruiner la carrière de quelqu'un inconsidérément, au premier faux pas. Surtout que l'on n'avait pas affaire ici (comme de juste, ils insistaient tout particulièrement sur ce point) à des hommes faits, mais à des natures encore malléables et en plein développement. Sans doute fallait-il user de rigueur envers Basini tout en lui témoignant une bienveillance constante et en s'efforçant de l'amender.

Les parents Törless appuyaient ces propos d'une série d'exemples que leur fils connaissait par cœur. Il se souvenait fort bien des premières années d'école, quand la direction se plaisait encore à user de mesures draconiennes et à limiter le plus possible l'argent de poche : voraces comme ils l'étaient tous alors, de nombreux élèves ne pouvaient se retenir de mendier à de plus favorisés un morceau de sandwich ou un quartier de pomme. Lui-même n'avait pas toujours résisté à la tentation, encore qu'il camouflât sa honte en prétendant bafouer ainsi la mauvaise volonté directoriale. Et c'était non seulement à l'âge, mais aussi aux tendres exhortations de ses parents, qu'il devait d'avoir appris peu à peu à préserver son amour-propre de pareilles atteintes. Maintenant, tout cela restait inefficace.

Il était obligé de reconnaître que ses parents avaient raison à plus d'un égard ; il savait aussi qu'il leur était à peu près impossible de porter, à pareille distance, un jugement rigoureusement juste ; mais quelque chose de plus important manquait, semblait-il, à leur réponse. Ce quelque chose, c'était la conscience que s'était produit là un événement irrévocable et, dans certains milieux, tout à fait inadmissible. Ce quelque chose qui manquait, c'était l'étonnement, la stupeur. A les lire, on aurait cru que l'affaire était banale et qu'il s'agissait simplement de la régler avec tact, sans trop s'en inquiéter : quelque chose de sordide sans doute, mais d'inévitable, comme le sont les besoins naturels. Pas plus que chez Beineberg et Reiting, il n'y avait trace dans cette lettre d'émotion ou d'interprétation personnelle.

Törless aurait pu se contenter d'enregistrer ce point de vue. Or, il déchira la lettre en petits morceaux et la brûla. C'était la première fois de sa vie qu'il blasphémait ainsi ses parents.

L'effet produit avait été le contraire de celui escompté. En opposition avec les vues pleines de simplicité qu'on lui proposait, tout ce qu'il y avait d'énigmatique et d'ambigu dans la conduite de Basini réenvahit brusquement sa conscience. Hochant la tête, il se dit qu'il faudrait y réfléchir encore, bien qu'il fût dans l'impossibilité de s'en donner aucune raison précise.

Quand aux réflexions sur ce thème succédaient les rêves, c'était plus bizarre encore : Basini lui apparaissait d'abord compréhensible, banal, saisissable, tel que ses parents et ses amis devaient le voir ; puis, l'instant d'après, il disparaissait, et il revenait, revenait avec insistance sous la forme d'un petit, tout petit personnage lumineux sur un arrière-plan très profond...

PUIS UNE NUIT, très tard, alors que chacun dormait, Törless sentit qu'on le secouait aux épaules.

Beineberg était à son chevet. C'était si insolite que Törless pressentit aussitôt l'événement grave.

— Lève-toi. Mais ne fais pas de bruit, que personne ne nous remarque. Il faut que nous montions, j'ai quelque chose à te dire.

Törless s'habilla à la diable, jeta un manteau sur ses épaules et enfila ses pantoufles.

Au grenier, Beineberg mit un soin particulier à replacer chaque obstacle, puis il prépara du thé.

Törless, encore tout ensommeillé, se laissa envahir avec délices par la chaleur dorée et parfumée du breuvage. Il s'installa dans un angle où il se recroquevilla : il s'attendait à une surprise.

Beineberg dit enfin :

— Reiting nous trompe.

Törless ne se sentit pas étonné le moins du monde ; il était évident que l'affaire connaîtrait un développement de ce genre ; c'était presque comme s'il n'avait jamais attendu autre chose. Machinalement, il s'écria :

— Je m'en doutais !

— Vraiment ! tu t'en doutais ? Mais pour ce qui est de voir, tu n'as rien vu, sans doute ? Ce serait tout à fait toi.

— En effet, je n'ai rien remarqué de spécial ; mais de toute façon je ne m'en suis plus soucié.

— Moi, en revanche, j'ai ouvert les yeux : dès le premier jour je me suis méfié de Reiting. Tu sais que Basini m'a rendu mon argent. Crois-tu que c'était le sien ? Non.

— Tu penses que Reiting y est pour quelque chose ?

— J'en suis certain.

Sur le moment, Törless pensa simplement que Reiting avait suivi l'exemple de Basini.

— Tu crois donc que Reiting, comme Basini...

— Quelle idée ! Reiting lui a donné simplement, sur son propre argent, ce qu'il fallait pour que Basini pût s'acquitter envers moi.

— Par exemple, je n'en vois pas du tout la raison.

— Il m'a fallu du temps pour la voir. De toute manière, tu auras remarqué toi aussi la vivacité avec laquelle Reiting, dès le début, a défendu Basini. C'est toi qui avais raison : le plus naturel eût été de le faire ficher dehors. Mais, à ce moment-là, j'ai fait exprès de ne pas t'approuver, parce que je voulais voir le dessous des cartes. A dire vrai, je ne sais pas exactement si Reiting avait, alors déjà, des intentions précises, ou s'il voulait seulement commencer par s'assurer de Basini une fois pour toutes, et voir ensuite. Quoi qu'il en ait été alors, je sais où en sont les choses maintenant.

— Eh bien ?

— Patience, ce n'est pas si vite dit. Tu connais l'histoire qu'il y a eu à l'Ecole, voilà quatre ans ?

— Quelle histoire ?

— Mais, la fameuse histoire !

— Vaguement. Je sais seulement qu'un gros scandale avait éclaté à la suite de cochonneries quelconques, et qu'un bon nombre d'élèves avaient dû être chassés.

— C'est ça. Lors d'un congé, j'ai eu quelques précisions par un élève de ladite classe. Ils avaient parmi eux un joli garçon dont beaucoup étaient amoureux. Tu connais ça, chaque année ça se reproduit. Mais cette fois, ils étaient allés un peu trop loin...

— Comment donc ?

— Hein ?... comment ? Ne fais pas l'idiot ! Et c'est ce que Reiting a fait avec Basini !

Törless comprit de quoi il s'agissait, et se sentit étouffer, comme s'il avait avalé du sable.

— Je n'aurais pas cru ça de Reiting.

Il ne trouva rien d'autre à dire. Beineberg haussa les épaules.

— Il croit qu'il peut nous avoir.

— Est-il amoureux ?

— Pas le moins du monde. Il n'est pas si bête. Ça l'amuse, ou ça l'excite, tout au plus.

— Et Basini ?

— Lui ? N'as-tu pas remarqué l'aplomb qu'il a pris depuis quelque temps ? C'est à peine s'il accepte encore un mot de moi. C'est toujours Reiting par-ci, Reiting par-là, comme s'il s'agissait de son saint patron. Il a dû penser qu'il valait mieux tout accepter d'un seul qu'un petit peu de chacun. Et Reiting lui aura promis de le protéger à condition qu'il lui passe tout. Mais ils verront qu'ils se sont trompés, et Basini entendra encore parler de moi !

— Comment as-tu découvert ça ?

— Je les ai suivis.

— Où donc ?

— Ici à côté, dans le grenier. Reiting avait ma clef pour l'autre entrée. Je suis venu ici, j'ai libéré le trou prudemment, et je me suis glissé jusqu'à eux.

Dans la mince cloison qui séparait la chambre du grenier, un passage était ménagé en effet, juste assez large pour que l'on pût s'y faufiler. Prévu comme sortie de secours en cas de surprise, il était aveuglé, d'ordinaire, par des briques.

Il y eut alors une longue pause pendant laquelle ne fut plus perceptible que le grésillement léger du tabac quand ils tiraient sur leurs cigarettes.

Törless n'était pas en état de rien penser : il voyait. Derrière ses yeux fermés, il voyait soudain un tourbillon effréné... Des êtres, des êtres sous un éclairage aveuglant qui créait des zones très claires et des ombres profondes, mouvantes ; des visages... un visage ; un sourire, des yeux agrandis, un tressaillement de la peau... Il voyait des êtres comme il ne les avait jamais vus ni sentis ; il les voyait sans les voir, sans se les représenter ni se les figurer, avec les yeux de l'âme, en quelque sorte : si nets néanmoins que l'intensité de leur présence le transperçait de mille flèches ; mais, comme s'ils s'arrêtaient sur un seuil qu'ils ne pouvaient franchir, dès que Törless cherchait des mots pour s'en rendre maître, ils reculaient.

Il ne put s'empêcher de questionner encore. Sa voix vibrait.

— Et... tu as vu ?

— Oui.

— Et... Basini, comment était-il ?

Beineberg se tut, de nouveau on n'entendit plus que le pétillement intermittent du tabac. Beineberg laissa passer un long moment avant de reprendre la parole.

— J'ai retourné la question dans tous les sens, et tu sais que j'ai mes idées là-dessus. En ce qui concerne d'abord Basini, mon avis est que de toute façon il ne mérite aucune pitié, que nous le dénoncions, que nous l'assommions, ou même que nous le torturions à mort par pur plaisir. Je ne puis concevoir qu'un type de ce genre ait le moindre rôle à jouer dans le merveilleux mécanisme de l'univers. A mes yeux, il a dû être créé par hasard, en marge de l'ordre des choses. C'est-à-dire qu'il a sans doute un sens quelconque, mais que ce sens est aussi mal fixé que celui de n'importe quel ver de terre ou caillou sur le chemin, dont nous ne savons pas s'il nous faut passer dessus ou à côté. Autant dire rien. Quand l'Ame du monde désire qu'un de ses éléments soit conservé, elle le dit plus clairement. Elle dit non, suscite un obstacle, nous oblige à éviter le ver ou donne à la pierre une dureté telle que nous ne pouvons la briser sans outil. Avant que nous n'ayons été en chercher un, elle nous a opposé l'obstacle de mille petits scrupules tenaces ; et si nous les surmontons quand même, c'est que l'obstacle avait, dès le début, une tout autre signification. Chez l'être humain, elle situe cette dureté dans le caractère, dans la conscience d'être un homme, dans le sérieux que donne le sentiment d'être l'une de ses parties. Qu'un homme perde cette conscience, c'est lui-même qu'il perd. Quand un homme s'est perdu et renoncé, il a perdu aussi cela de particulier et d'original pour quoi la Nature l'avait créé homme. Et il n'est aucun cas où l'on puisse être plus certain d'avoir affaire à une existence superflue, à une forme vide, depuis longtemps désertée par l'Ame du monde.

Törless n'éprouvait aucun désir de contredire Beineberg. D'ailleurs, il était fort loin d'avoir écouté attentivement. Jamais encore il n'avait eu matière à pareille métaphysique ; pas plus qu'il ne s'était demandé comment quelqu'un d'aussi raisonnable que Beineberg pouvait échafauder de tels systèmes. Ces questions étaient restées tout à fait étrangères à son univers.

Aussi ne se donna-t-il aucune peine pour juger si les développements de Beineberg avaient ou non un sens ; il ne les écouta que d'une oreille.

Simplement, il ne comprenait pas qu'on pût ainsi remonter au déluge. Tout frémissait en lui, et la manière méticuleuse qu'avait Beineberg de développer des pensées ramassées Dieu sait où lui semblait ridicule, intempestive, exaspérante. Mais celui-ci poursuivait imperturbablement :

— Pour Reiting, il en va tout autrement. Lui aussi, avec ce que je sais, est en mon pouvoir, mais son destin est loin de m'être indifférent comme celui de Basini. Tu sais que sa mère n'a pas beaucoup de fortune ; qu'il soit renvoyé, tous ses projets seront à l'eau. S'il reste ici, il peut arriver à quelque chose, sinon, les occasions seront rares. Or, Reiting n'a jamais pu me souffrir, tu comprends ? Il me haïssait, il a essayé de me nuire de toutes les manières ; aujourd'hui encore, je crois qu'il serait ravi de pouvoir se débarrasser de moi... Comprends-tu maintenant quel atout me donne la possession de ce secret ?

Törless eut peur. Bizarrement, comme si c'était lui-même que le destin de Reiting atteignait. Il leva sur Beineberg un regard effrayé. Des yeux de celui-ci n'était plus visible qu'une mince fente, et Törless crut voir une grosse araignée terrifiante, aux aguets, immobile. au centre de sa toile. Les dernières paroles retentirent à ses oreilles avec une netteté glaciale, de vraies phrases d'ultimatum.

Törless n'avait pas suivi attentivement ce qui avait précédé, se disant simplement : « Le voilà qui recommence à parler de ses idées, qui n'ont rien à voir avec les faits... » de sorte qu'il ne pouvait comprendre maintenant comment on en était arrivé là.

La toile, tendue quelque part à l'extérieur, dans le ciel de l'abstraction, ainsi qu'il se souvenait, devait s'être resserrée soudain avec une fabuleuse promptitude. Elle était en effet tout à coup quelque chose de concret, de réel, de vivant, une tête se débattait dedans, le cou serré.

Il n'aimait guère Reiting, mais il se rappelait maintenant la hardiesse insouciante, sympathique somme toute, qu'il mettait dans la conduite de ses innombrables intrigues ; Beineberg, en revanche, à tisser ainsi autour de sa victime, avec un calme diabolique, sa toile de pensées, grise, énorme, abjecte, lui répugnait.

Sans même l'avoir voulu, il éclata :

— Tu n'as pas le droit d'exploiter ça contre lui !

Peut-être l'aversion secrète qu'il avait toujours éprouvée à l'égard de Beineberg avait-elle joué son rôle. Mais Beineberg lui-même répondit, après un moment de réflexion :

— A quoi bon en effet ? Pour lui, ce serait réellement dommage. Désormais, quoi qu'il en soit, je n'ai plus rien à craindre de sa part, et il ne mérite pas qu'on le fasse trébucher sur une bêtise de ce genre.

Ainsi fut réglée cette partie du problème. Mais Beineberg poursuivit en évoquant à nouveau le sort de Basini.

— Es-tu toujours d'avis que nous devions dénoncer Basini ?

Törless ne répondit point. Il préférait écouter Beineberg dont les paroles résonnaient dans sa tête comme des pas retentissant sur un sol creux ; il voulait savourer cette musique jusqu'au bout.

Beineberg continuait à développer ses idées :

— Je pense que pour le moment nous ferions bien de nous le garder et de le châtier nous-mêmes. Châtié, il doit l'être, ne serait-ce que de sa présomption. Ceux de l'Ecole se contenteraient de le renvoyer avec une longue épître pour son oncle : tu sais plus ou moins comment ça se passe, dans les formes. « Excellence, votre neveu s'est oublié... mauvaises influences... nous vous le rendons avec l'espoir que vous réussirez... qu'il s'amendera... en ce moment il serait d'un trop funeste exemple pour les autres... » etc. Un cas de ce genre peut-il avoir pour eux le moindre intérêt, la moindre valeur ?

— Et quelle espèce de valeur peut-il avoir pour nous ?

— Quelle valeur ? Aucune pour toi peut-être, qui seras un jour conseiller à la cour ou rimailleur : ces choses-là te sont inutiles, peut-être même en as-tu peur. Mais moi, j'envisage ma vie autrement !

Törless, cette fois, dressa l'oreille.

— Basini, pour moi, a une valeur, une valeur très grande, même. Toi, tu le laisserais filer, il te suffirait d'avoir pensé que c'était un être taré.

Törless réprima un sourire.

— Ainsi l'affaire serait-elle réglée à tes yeux, parce que tu n'as ni le don ni le désir d'utiliser de telles circonstances pour ta formation. Ce désir, moi, je l'ai. Quand on a mes projets, on doit voir autrement les hommes. Voilà pourquoi je tiens à me réserver Basini, comme un moyen de m'instruire.

— Mais comment le châtieras-tu ?

Beineberg fit attendre un instant sa réponse, comme s'il réfléchissait encore à l'effet qu'elle devait produire. Puis, prudemment, non sans hésitation, il dit :

— Tu aurais tort de croire que son châtiment me tînt tant à cœur. Sans doute pourra-t-on considérer ce que j'envisage, en fin de compte, comme un châtiment pour lui... Mais, à parler bref, j'ai autre chose en tête ; je voudrais, mettons, le tourmenter...

Törless se garda de prononcer un mot. Il était encore fort éloigné d'y voir clair, mais il sentait que tout évoluait comme il le fallait pour lui, au fond de lui. Beineberg, ne parvenant pas à deviner l'effet produit par ses propos, poursuivit :

— Ne te frappe pas, ce n'est pas si terrible. D'abord, comme je te l'ai expliqué déjà, nous n'avons aucun compte à tenir de Basini. Décider si nous devons le tourmenter ou l'épargner ne doit dépendre que de notre besoin de faire l'un ou l'autre : de raisons internes. En as-tu ? Tous les arguments moraux, sociaux, etc. que tu as ressortis l'autre jour ne peuvent entrer en ligne de compte, cela va de soi ; toi-même, j'espère bien que tu n'y as jamais cru. Je te suppose donc indifférent. Néanmoins, si tu n'as pas envie de prendre des risques, il est encore temps pour toi de te retirer. Pour moi la voie est tracée, elle exclut toute reculade et toute dérobade. Il le faut ainsi. Reiting, de son côté, n'abandonnera pas : il lui est précieux, à lui aussi, d'avoir quelqu'un bien en main, de pouvoir s'en servir comme d'un instrument, et s'exercer sur lui. Il veut dominer : si l'occasion s'en présentait, il ne te traiterait pas autrement que Basini. Pour moi, ce dont il s'agit est plus grave encore : une sorte d'obligation que j'aurais contractée envers moi-même. Comment te faire comprendre ce qui nous sépare, lui et moi ? Tu sais le culte de Reiting pour Napoléon. Eh bien ! songe que mon héros préféré ressemblerait plutôt à un philosophe ou à un saint de l'Inde. Reiting, en sacrifiant Basini, n'éprouverait d'autre sentiment que la curiosité. Il disséquerait son âme pour savoir à quoi l'on peut s'attendre dans une entreprise de ce genre. Et, comme je l'ai dit, toi ou moi lui conviendrions aussi bien que Basini, il n'y verrait pas la moindre différence. Moi, en revanche, je ne puis m'empêcher de penser, comme tu le fais, que Basini est aussi, malgré tout, un être humain. Je suis sensible, moi aussi, à la cruauté. Mais précisément, tout est là ! Dans le sacrifice ! C'est comme si deux fils opposés me tenaient lié : l'un, plutôt vague, qui m'oblige, contre ma plus ferme conviction, à une neutralité compatissante et l'autre qui va vers mon âme, vers le plus profond savoir, et qui me rattache au cosmos. Des êtres tels que Basini, je te l'ai dit, ne signifient rien : formes vides, contingentes. Les seuls hommes vrais sont ceux qui peuvent pénétrer en eux-mêmes, les esprits cosmiques capables de descendre assez profond pour discerner leurs liens avec le grand rythme universel. Ils accomplissent des miracles les yeux fermés, parce qu'ils s'entendent à exploiter toute l'énergie de l'univers, qui est en eux comme elle est autour d'eux. Mais, jusqu'ici, tous ceux qui ont voulu suivre le second fil ont dû commencer par rompre le premier. J'ai lu la relation des pénitences terribles auxquelles certains moines illuminés se sont soumis, et les pratiques des ascètes hindous ne te sont sûrement pas tout à fait inconnues. Tout ce qu'il peut y avoir là de cruel a pour unique fin d'anéantir les misérables convoitises qui sont tournées vers le monde ; qu'il s'agisse de la vanité ou de la faim, de la joie ou de la compassion, elles ne font jamais qu'affaiblir le feu que chacun a le pouvoir d'allumer en soi. Reiting ne connaît que l'action extérieure, moi je suis le second fil. Pour le moment, tout le monde lui trouve de l'avance sur moi, parce que ma voie est plus lente et plus incertaine. Mais, d'un seul bond, je puis un jour le laisser loin derrière moi, un ver de terre ! On prétend que le monde, tu le sais, serait constitué de lois mécaniques inébranlables. C'est complètement faux, c'est une invention de manuels scolaires ! Sans doute le monde extérieur est-il coriace, sans doute ses prétendues lois refusent-elles jusqu'à un certain point de se laisser infléchir : des hommes, pourtant, y sont parvenus ! C'est attesté dans des Livres sacrés qui ont résisté aux examens les plus attentifs, mais dont la plupart d'entre nous ne savons rien. Ces Livres m'ont appris qu'il y a eu des hommes capables de déplacer les pierres, les airs et les eaux par un simple mouvement de leur volonté, et dont les prières l'emportaient sur toutes les puissances matérielles. Encore ne s'agit-il là que des triomphes *extérieurs* de l'esprit. Car pour celui qui réussit *intégralement* à *voir son âme*, la vie du corps, purement contingente, se dissout ; et les Livres disent que celui-là accède immédiatement à un royaume spirituel supérieur.

Beineberg avait parlé avec une émotion contenue et le plus grand sérieux. Törless avait gardé presque continuellement les yeux fermés ; il sentait l'haleine de Beineberg sur son visage et il l'absorbait comme une drogue oppressante. Beineberg conclut enfin :

— Tu vois donc de quoi il s'agit pour moi. L'impulsion qui me suggère de laisser Basini tranquille est d'origine vile, extérieure. Libre à toi de lui obéir. Pour moi, c'est un préjugé dont je dois me défaire comme de tout ce qui me détourne de la Voie. Le fait même qu'il m'est pénible de tourmenter Basini, je veux dire de l'humilier, de l'écraser, de l'éloigner de moi, est une bonne chose. Il exige un sacrifice. Il agira comme une purification. Je me dois d'apprendre chaque jour, grâce à lui, que le simple fait d'être un homme ne signifie rien, que ce n'est qu'une ressemblance tout extérieure, une singerie.

Törless ne comprenait pas tout. Simplement, il eut de nouveau l'impression qu'un lacet, jusqu'alors invisible, s'était enroulé brusquement pour former un nœud palpable, et mortel. Les dernières paroles de Beineberg retentissaient encore en lui : « Une ressemblance tout extérieure, une singerie. » Ces mots semblaient convenir aussi à ses rapports avec Basini. N'était-ce pas à de telles visions que tenait l'étrange fascination que ce dernier exerçait sur lui ? Au simple fait qu'il était incapable de pénétrer dans l'esprit de Basini, de sorte qu'il n'en avait jamais que des images confuses ? Quand il avait essayé de se représenter Basini, n'y avait-il pas eu, derrière le visage de celui-ci, un autre visage, brouillé, d'une ressemblance frappante et pourtant indéfinissable ?

C'est ainsi que Törless, au lieu de réfléchir sur les intentions pour le moins bizarres de Beineberg, s'efforça, étourdi comme il l'était par cet afflux d'impressions insolites, de voir un peu plus clair en lui-même. Il se souvint de l'après-midi qui avait précédé la découverte du vol. Les visions étaient déjà là. Toujours il y avait eu quelque chose dont ses pensées ne parvenaient pas à faire le tour, quelque chose d'à la fois très simple et parfaitement étranger. Il avait vu des images qui n'étaient pas des images. Ainsi devant les masures au bord de la route, et même à la pâtisserie, avec Beineberg. C'étaient, tout à la fois, des ressemblances et d'insurmontables différences. Et ce jeu, cette perspective secrète, personnelle, l'avait excité.

Or, maintenant, toute cette expérience, un être humain, un camarade la tirait à soi. Elle s'incarnait, elle prenait réalité dans un être, et toute son étrangeté se transférait sur sa personne. Elle quittait ainsi l'imaginaire pour la vie, elle devenait une menace.

L'émotion avait épuisé Törless, l'enchaînement de ses pensées se relâchait.

Tout ce qui lui en restait, c'était qu'il devait ne pas laisser échapper ce Basini, que celui-ci était destiné à jouer pour lui aussi un rôle important, bien qu'obscur encore.

Quand il pensait aux paroles de Beineberg, il hochait la tête, étonné. Lui aussi, dans ce cas ?...

Il est exclu qu'il cherche ce que je cherche, et pourtant c'est lui qui a trouvé les mots justes pour l'exprimer...

Törless rêvait plus qu'il ne pensait. Il n'était plus en mesure de distinguer son problème intérieur des rêveries de Beineberg. Finalement, il ne sentait plus qu'une chose : que le nœud géant se resserrait toujours davantage autour du monde.

La conversation en resta là. Ils éteignirent la lumière et regagnèrent prudemment le dortoir.

Les jours suivants n'apportèrent aucune décision. Les tâches scolaires étaient absorbantes, Reiting évitait soigneusement de se trouver seul avec ses deux complices, Beineberg ne semblait pas disposé non plus à rouvrir le débat.

C'est ainsi que pendant ces jours-là, tel un fleuve immobilisé, ce qui s'était passé creusa plus profondément son lit dans l'âme de Törless, imposant du même coup à ses pensées une direction irrévocable.

De la sorte, l'idée de faire renvoyer Basini fut définitivement abandonnée. Pour la première fois, Törless se sentit concentré entièrement sur lui-même, incapable de penser à rien d'autre. Bozena même lui était devenue indifférente ; les sentiments qu'il avait eus pour elle ne furent plus qu'un souvenir de chimères auxquelles avait enfin succédé le sérieux.

Il est vrai que ce sérieux semblait à peine moins chimérique.

Tout à ses pensées, Törless était allé se promener dans le parc. C'était le milieu du jour, et le soleil d'arrière-automne déposait de pâles souvenirs sur les pelouses et les allées. Trop agité pour songer à une longue promenade, Törless se contenta de tourner l'angle du bâtiment ; là, au pied du mur latéral, presque aveugle, bruissait une herbe couleur de cendre ; il s'y coucha. Au-dessus de lui le ciel se déployait, tout entier de ce bleu passé, douloureux, qui est particulier à l'automne, et de petits nuages en forme de boules blanches couraient dessus.

Törless, étendu sur le dos, clignait des yeux, rêveur, le regard perdu entre les couronnes bientôt dépouillées de deux arbres qui s'élevaient devant lui.

Il pensait à Beineberg : quel drôle de corps c'était ! Ses propos eussent été à leur place dans les ruines d'un temple hindou, parmi d'inquiétantes idoles et des serpents magiciens, au fond de sombres cavernes : mais au grand jour, dans cette école, en pleine Europe moderne ? Pourtant, après s'être étirés comme un chemin sinueux, interminable et dont nul ne sait où il mène, ces propos semblaient avoir atteint tout à coup un but tangible...

Soudain, et il lui sembla que c'était la première fois de sa vie, il prit conscience de la hauteur du ciel.

Il en fut presque effrayé. Juste au-dessus de lui, entre les nuages, brillait un petit trou insondable.

Il lui sembla qu'on aurait dû pouvoir, avec une longue, longue échelle, monter jusqu'à ce trou. Mais plus il pénétrait loin dans la hauteur, plus il s'élevait sur les ailes de son regard, plus le fond bleu et brillant reculait. Il n'en semblait pas moins indispensable de l'atteindre une fois, de le saisir et de le « fixer » des yeux. Ce désir prenait une intensité torturante.

C'était comme si la vue, tendue à l'extrême, décochait

des flèches entre les nuages et qu'elle eût beau allonger progressivement son tir, elle fût toujours un peu trop courte.

Törless entreprit de réfléchir sur ce point, en s'efforçant de rester aussi calme, aussi raisonnable que possible. « Il n'y a vraiment pas de fin, se dit-il, on peut aller toujours plus loin à l'infini. » Il prononça ces mots en tenant ses regards fixés sur le ciel, comme s'il s'agissait d'éprouver l'efficacité d'un exorcisme. Mais sans succès : les mots ne disaient rien, ou plutôt disaient tout autre chose, comme si, tout en continuant sans doute à parler du même objet, ils en évoquaient un autre aspect, aussi lointain qu'indifférent.

« L'infini » ! Törless avait souvent entendu ce terme au cours de mathématiques. Il n'y avait jamais rien vu de particulier. Le terme revenait constamment ; depuis que Dieu sait qui, un beau jour, l'avait inventé, on pouvait s'en servir dans les calculs comme de n'importe quoi de tangible. Il se confondait avec la valeur qu'il avait dans l'opération : Törless n'avait jamais cherché à en savoir plus.

Tout à coup, comprenant que quelque chose de terriblement inquiétant était lié à ce terme, il tressaillit. Il crut voir une notion, que l'on avait domptée pour qu'il pût la faire servir à ses petits tours de passe-passe quotidiens, se déchaîner brusquement; une force irrationnelle, sauvage, destructrice, endormie seulement par les passes de quelque inventeur, se réveiller soudain et retrouver sa fécondité. Elle était là, vivante, menaçante, ironique, dans le ciel qui le dominait.

Cette vision était si pénible qu'il dut se résoudre à fermer les yeux.

Quand, peu après, un coup de vent froissant les herbes sèches l'éveilla, il ne sentait presque plus son corps et une fraîcheur délicieuse, montant de ses pieds, l'enveloppait d'une tendre nonchalance. Une douceur, une fatigue s'étaient mêlées à l'effroi antérieur. Il continuait à sentir l'immense et taciturne ciel qui le regardait, mais il se souvenait maintenant que ce sentiment était loin d'être inconnu de lui ; flottant entre le rêve et la veille, il explora ces souvenirs et se sentit prisonnier de leurs liens.

Il y avait d'abord ce souvenir d'enfance où les arbres, graves et muets, l'entouraient comme des personnages ensorcelés. Alors déjà, sans doute, il avait dû ressentir cette émotion si souvent retrouvée dans la suite. Même ses réflexions chez Bozena en étaient teintées, elles portaient la marque d'un pressentiment particulier, plus vaste qu'elles. Tel avait été aussi cet instant de silence dans le jardin au-delà des fenêtres de la pâtisserie, avant que ne retombent les lourds voiles de la sensualité. Souvent, l'espace d'une seconde, Beineberg et Reiting étaient devenus également quelque chose d'étrange, d'irréel ; et Basini, enfin ? La pensée de ce qui s'était passé avec Basini avait profondément divisé Törless : tantôt elle restait raisonnable, banale même, tantôt l'investissait le silence rayé d'images qui était commun à toutes ces impressions, le silence qui s'était infiltré peu à peu dans la conscience de Törless et qui, tout à coup, exigeait d'être traité comme une réalité vivante ; exactement comme l'idée de l'infini un instant plus tôt.

Törless le sentait maintenant qui le cernait. Ç'avait toujours été présent, sans doute, comme la menace de puissances obscures et lointaines ; mais Törless, instinctivement, l'avait fui, en se bornant à lui jeter de temps en temps un regard effrayé. Maintenant, un événement fortuit, en aiguisant son attention, l'avait dirigée de ce côté-là, et de toutes parts, comme sur un signal, cela l'envahissait, entraînant un désarroi terrible que chaque instant ne faisait qu'accroître.

Ce fut une sorte de folie : il lui fallut tout éprouver, choses, êtres, événements, comme équivoque ; comme une réalité que la puissance d'un inventeur avait enchaînée à un terme explicatif, inoffensif, mais qui n'en demeurait pas moins aussi une substance inconnue, capable à tout moment de se déchaîner.

Chacun sait que tout a son explication simple et naturelle, et Törless ne l'ignorait point ; mais, avec une stupeur teintée d'angoisse, il croyait découvrir que cette explication n'avait retiré aux choses que leur enveloppe la plus superficielle, sans mettre le noyau à nu ; et c'était ce noyau que Törless, d'un regard qui semblait devenu presque anormal, ne pouvait plus s'empêcher maintenant de voir briller au fond de tout.

Ainsi était-il couché là, tout enveloppé de souvenirs dont surgissaient, étranges fleurs, des pensées inattendues. Ces instants que nul ne peut oublier, ces situations où se relâche la cohérence qui permet d'ordinaire à notre vie de se refléter dans la conscience tel un tout, comme si vie et conscience avançaient parallèlement et à la même vitesse, tissaient maintenant autour de Törless un réseau si serré qu'il s'y perdait.

Le souvenir du silence si terriblement immobile, des couleurs si désolées de certains soirs alternait sans transition avec la fièvre d'un midi d'été qui avait passé une fois sur son âme tel le miroitement d'une brusque troupe de lézards.

Puis lui revint un sourire qu'avait eu le jeune prince, un regard, un geste par lequel, au temps où ils s'étaient séparés, il avait d'un seul coup (d'un tendre coup) dénoué tous les liens que Törless avait ourdis autour de lui ; après quoi il était entré dans un nouvel espace inconnu qui, concentré apparemment dans l'intensité d'une seconde indescriptible, s'était ouvert à l'improviste devant lui. Puis émergèrent des souvenirs de la forêt, entre les champs. Puis l'image silencieuse d'une chambre, chez lui, gagnée par l'ombre, et qui lui avait rappelé plus tard son ami perdu. Les paroles d'un poème lui passèrent par la tête...

Il est encore bien d'autres choses où règne, entre l'expérience vivante et la connaissance, une incompatibilité analogue. Immanquablement, ce que nous avons vécu l'espace d'un instant comme un tout et sans nous poser aucune question devient incompréhensible et confus dès que nous voulons l'enchaîner par la pensée pour nous en assurer la propriété. Et ce qui paraît considérable et mystérieux tant que nos mots ne font qu'essayer de le cerner de loin, se simplifie et perd tout pouvoir d'inquiéter dès qu'il pénètre dans l'espace de nos tâches quotidiennes.

Ainsi tous ces souvenirs se trouvaient-ils avoir soudain en commun le même mystère. Törless les avait tous devant lui, évidents, palpables presque, au point qu'on les aurait crus de la même famille.

En leur temps les avait accompagnés un sentiment obscur auquel il n'avait prêté que peu d'attention.

C'était ce sentiment qu'il s'efforçait maintenant de ressaisir. Il se rappela qu'un jour, se trouvant avec son père devant un certain paysage, il s'était écrié : « Comme c'est beau ! » et que la joie de son père à ces mots l'avait gêné. En effet, il eût pu tout aussi bien s'exclamer que c'était affreusement triste. Ce qui le tourmentait, c'était que les mots se dérobaient, la vague conscience déjà qu'ils n'étaient que des échappatoires occasionnelles, et qu'ils trahissaient l'émotion.

Il se rappelait maintenant la scène, les mots et plus nettement encore le sentiment qu'il avait eu de mentir sans savoir comment. Une fois de plus le regard intérieur sonda ces vastes domaines. Jamais il ne ramenait de solution. Le sourire de plaisir qui s'était ébauché sur ses lèvres devant une telle abondance de pensées et qui y était resté comme par distraction, prit peu à peu une nuance à peine perceptible de souffrance.

Törless éprouvait le besoin de chercher sans désemparer un pont, un rapport, un terme de comparaison entre lui et cela de muet à quoi se heurtait son esprit.

Mais il s'était à peine rassuré d'une pensée que revenait l'objection incompréhensible du mensonge. C'était comme s'il avait dû se livrer à une division que la réapparition obstinée d'un reste eût empêché de s'achever jamais, ou comme s'il s'était blessé à force de s'acharner fiévreusement sur un nœud inextricable.

Enfin il abandonna. Tout se resserra autour de lui, les souvenirs foisonnèrent et se déformèrent bizarrement.

Il avait de nouveau tourné les yeux vers le ciel, comme s'il espérait qu'un hasard lui permettrait d'arracher à cette voûte son secret, avec la raison de ses désarrois. Mais la fatigue le prit, et un sentiment de profonde solitude se referma au-dessus de sa tête. Le ciel se taisait. Törless sentit qu'il était parfaitement seul sous cette voûte impassible et muette, minuscule tache de vie écrasée par un cadavre gigantesque et transparent.

Cela ne lui faisait presque plus peur. C'était comme quand une vieille douleur familière s'attaque au dernier membre encore indemne.

Il lui sembla que la lumière avait des miroitements de lait, qu'un brouillard pâle et froid flottait sur ses yeux.

Lentement, prudemment, il tourna la tête, regardant autour de lui pour voir si vraiment tout avait changé. Alors, son regard effleura distraitement le mur gris, aveugle, qui s'élevait derrière lui. Ce mur semblait s'être penché sur lui et l'observer en silence. De temps en temps il y courait de haut en bas comme un murmure, et une vie suspecte s'éveillait sur les pierres.

Souvent, dans leur repaire, quand Beineberg et Reiting déployaient leurs mondes chimériques, il avait épié et savouré ce murmure, étrange musique de scène pour un spectacle grotesque.

Mais maintenant, le jour étincelant lui-même semblait s'être changé en un repaire insondable, et le silence vivant cernait Törless de toutes parts.

Il n'eut pas la force de détourner la tête. A côté de lui, dans un coin sombre, des pas-d'âne avaient poussé en abondance, et leurs larges feuilles offraient de fantastiques cachettes aux vers et aux limaces.

Törless entendit battre son cœur. Puis il y eut de nouveau un bruissement léger, un chuchotement qui se perdit peu à peu... Derniers signes de vie dans un monde muet où le temps ne s'écoulait plus...

LE LENDEMAIN, Törless, apercevant Beineberg et Reiting ensemble, s'approcha d'eux.

— J'ai déjà parlé avec Reiting, dit Beineberg, et nous sommes convenus de tout. On sait bien que ces histoires ne t'intéressent pas vraiment.

Törless, devant ce retournement soudain, sentit monter en lui quelque chose qui ressemblait fort à de la fureur et à de la jalousie, mais il douta s'il devait faire allusion devant Reiting à la conversation de la nuit.

— Vous auriez pu tout de même me demander mon avis, du moment que je me trouve mêlé autant que vous à cette histoire, dit-il.

Reiting qui, visiblement, cette fois, ne tenait pas à soulever de difficultés superflues, répondit avec empressement :

— Nous l'aurions fait, mon cher Törless, mais tu étais introuvable, et nous savions pouvoir compter sur ton accord. Et que dis-tu de Basini, maintenant ?

(Pas un mot d'excuse, comme si son attitude allait de soi !)

— Ce que j'en dis ? Je dis que c'est un vilain bonhomme, répondit Törless embarrassé.

— N'est-ce pas ? Un très vilain bonhomme.

— Mais ce que tu fais n'est pas très beau non plus ! ajouta Törless avec un sourire un peu contraint, honteux de ne pas témoigner plus d'indignation à Reiting.

— Moi ? dit Reiting en haussant les épaules. Quel mal y a-t-il ? Il faut avoir tout fait, et du moment qu'il est assez bête et assez vil...

— Lui as-tu reparlé depuis ? demanda Beineberg.

— Oui. Il est venu me voir hier soir pour me demander de l'argent, parce qu'il a de nouveau des dettes qu'il n'arrive pas à payer.

— Le lui as-tu déjà donné ?

— Non, pas encore.

— C'est parfait, dit Beineberg. Voilà l'occasion rêvée. Tu pourrais lui donner rendez-vous quelque part pour ce soir.

— Où ça ? Dans la chambre ?

— A mon sens, non. Il vaut mieux qu'il en ignore l'existence pour le moment. Dis-lui de venir au grenier, là où vous étiez l'autre fois.

— A quelle heure ?

— Disons... onze heures.

— Bon. Nous faisons encore quelques pas ?

— Oui, Törless a sûrement du travail en retard, n'est-ce pas ?

Törless n'avait plus rien à faire, mais il sentit que ses deux camarades gardaient en commun un secret dont ils le tenaient écarté. Il s'irrita d'être trop gauche pour s'imposer à eux.

Il les suivit donc d'un œil jaloux, en se creusant la tête pour percer à jour leurs intentions.

En même temps, il fut frappé de l'innocence et du

charme qu'il y avait dans la démarche à la fois souple et droite de Reiting : exactement comme dans ses propos. Puis il essaya de l'imaginer tel qu'il avait dû être le fameux soir ; d'imaginer ce qui s'était passé tout au fond de lui. Ç'avait dû être comme le long et lent naufrage de deux âmes acharnées l'une contre l'autre, puis comme les profondeurs d'un royaume souterrain ; entre deux, un instant où les bruits du monde, très haut au-dessus d'eux, avaient décru, puis s'étaient effacés définitivement.

Se pouvait-il qu'un être humain, après une telle expérience, se retrouvât si gai, si léger ? Elle n'avait sûrement pas grand sens pour Reiting. Törless aurait tant aimé le questionner ! Et maintenant, par la faute d'une timidité puérile, il l'abandonnait à cet horrible Beineberg !

A onze heures moins le quart, Törless vit que Beineberg et Reiting se glissaient hors de leur lit et, aussitôt, il entreprit de s'habiller.

— Chut ! Attends un peu ! Si nous sortons tous les trois en même temps, on s'en apercevra.

Törless se renfila sous ses couvertures.

Ils se retrouvèrent ensuite dans le couloir et montèrent au grenier avec les précautions habituelles.

— Où est Basini ? demanda Törless.

— Il vient par l'autre côté : Reiting lui a donné la clef.

Ils restèrent tout le temps de la montée dans l'obscurité. Beineberg n'alluma pas sa lanterne sourde avant qu'ils fussent en haut, devant la grande porte de fer.

La serrure résistait. Depuis tant d'années qu'on ne s'en servait pas, elle s'était grippée et refusait d'obéir à la fausse clef. Elle céda enfin, avec un claquement ; le lourd battant grinça dans les gonds rouillés et tourna comme à regret.

De l'intérieur du grenier s'éleva une bouffée d'air chaud et fade, comme on en respire dans les petites serres.

Beineberg referma la porte.

Ils descendirent le petit escalier de bois et s'accroupirent à côté d'une puissante poutre.

Non loin de là se dressaient d'énormes cuves pleines d'eau, en prévision d'incendies éventuels. L'eau, qui n'avait pas été renouvelée sans doute depuis longtemps, répandait une odeur douceâtre.

Tout en ce lieu, d'ailleurs, oppressait : l'extrême chaleur qui régnait sous le toit, le mauvais air, et jusqu'au labyrinthe de grosses poutres dont les unes, en s'élevant vers eux, se perdaient dans l'ombre, tandis que celles qui rampaient en direction du sol semblaient un entrelacs de cauchemar.

Beineberg voila sa lampe, et pendant de longues minutes ils restèrent immobiles dans l'obscurité, sans prononcer un mot.

Puis, à l'autre bout, dans l'ombre, la porte craqua doucement, comme timidement. Un bruit à faire battre le cœur, comme le premier signe de l'approche d'une proie. Suivirent quelques pas incertains, le heurt d'un pied contre une planche sonore ; un bruit sourd, comme d'un corps qui tombe... Le silence... Puis de nouveau des pas craintifs... l'attente... un appel à voix très basse : « Reiting ? »

Alors, Beineberg dévoila la lanterne et dirigea son puissant rayon du côté d'où venait la voix. Surgirent quelques grosses poutres avec de fortes ombres : on ne voyait au-delà qu'un cône de poussière tournoyante.

Mais les pas s'affermirent et se rapprochèrent.

Puis, tout près, un pied buta de nouveau contre du bois, et un instant plus tard apparaissait à la base du cône de lumière, couleur de cendre dans cet éclairage incertain, le visage de Basini.

Basini souriait. Tendrement, suavement. Un sourire figé de portrait, mis en valeur par le cadre lumineux.

Törless se serrait contre la poutre où il était assis et sentait trembler les muscles de ses yeux.

Alors Beineberg énuméra les infamies de Basini, d'une voix rauque et monocorde. Puis il dit :

— Tu n'as donc pas honte ?

Sur quoi Basini regarda Reiting, de l'air de dire : « Il serait temps que tu viennes à mon secours. » A ce moment précis, Reiting lui assena en pleine figure un coup de poing qui le fit chanceler, buter sur une poutre, s'effondrer. Beineberg et Reiting bondirent.

La lanterne renversée, sa lumière se répandit aux pieds de Törless sur le plancher, paresseuse, indifférente.

Törless, au bruit, devina qu'ils déshabillaient Basini et le fouettaient avec un objet mince et flexible. Evidemment, tout était préparé. Il entendit les gémissements et les cris étouffés de Basini qui ne cessait d'implorer la pitié ; enfin il ne perçut plus qu'un geignement, comme un hurlement ravalé, des jurons proférés à voix basse, et le souffle brûlant, haletant de Beineberg.

Törless n'avait pas bougé de sa place. Tout au début, certes, un désir bestial l'avait pris de bondir et de frapper avec les autres, mais le sentiment qu'il arriverait trop tard, qu'il serait de trop, le retint. Comme si une lourde poigne l'avait paralysé.

Apparemment indifférent, il gardait les yeux fixés sur le plancher. Il ne cherchait même pas à tendre l'oreille pour interpréter les bruits, il ne sentait pas son cœur battre plus vite qu'à l'ordinaire. Il contemplait la lumière qui formait une sorte de flaque à ses pieds. Des tourbillons de poussière, une horrible petite toile d'araignée y brillaient. Plus loin, le rayon s'infiltrait entre les poutres et s'achevait dans une pénombre sale et poussiéreuse.

Törless aurait pu rester une heure dans cette position sans même s'en apercevoir. Si occupé que fût son esprit, il ne pensait à rien. En même temps, il s'observait. Mais c'était comme s'il regardait réellement dans le vide et qu'il ne se vît lui-même que de biais, dans un miroitement confus. Puis, du fond de ce clair-obscur, de biais aussi, lentement mais de plus en plus distinct, un désir entra dans la zone éclairée de la conscience.

On ne sait quoi voulut que Törless en sourît. Puis, de nouveau, le désir s'intensifia, cherchant à le faire quitter sa place, s'agenouiller, le poussant à presser son corps contre les planches ; il sentit ses yeux s'agrandir comme des yeux de poisson, et son cœur, à travers le corps nu, battre contre le bois.

C'est alors qu'une excitation violente envahit pour de bon Törless, il dut s'accrocher à la poutre pour résister au vertige qui le tirait vers le bas.

Il avait des gouttes de sueur sur le front ; il se demanda, anxieusement, ce que cela signifiait.

Chassé de son indifférence par la peur, il tendit enfin l'oreille pour écouter ce que pouvaient faire les autres dans le noir.

Le silence était revenu ; seul Basini gémissait doucement tout en cherchant à tâtons ses habits.

Ces sons plaintifs furent agréables à Törless. Un frisson lui courut le long de l'épine dorsale, comme des pattes d'araignée, puis s'installa entre les omoplates et, de ses fines griffes, tira sur la peau de son crâne. Törless, à sa vive surprise, comprit que son excitation était d'un genre particulier. Il revint en arrière et, sans pouvoir se rappeler le début, il eut conscience que c'était déjà lié à l'étrange besoin qu'il avait ressenti de se coller contre le sol. Il en eut honte ; mais ç'avait été comme une vague de sang noyant sa tête, irrésistiblement, par-derrière.

Beineberg et Reiting revenaient à tâtons ; ils s'assirent sans mot dire à ses côtés. Beineberg contemplait la lampe.

A ce moment, Törless, de nouveau, se sentit tiré vers le sol. Ce mouvement partait des yeux, il s'en rendait compte, et des yeux, telle une rigidité hypnotique, gagnait le cerveau. C'était une question, une... non, c'était du désespoir, quelque chose qu'il connaissait bien : le mur, le jardin de la pâtisserie, les masures au bord de la route, le souvenir d'enfance... tout cela revenait au même ! Il regarda Beineberg. « Ne ressent-il donc rien ? » Beineberg se penchait pour redresser la lampe. Törless le retint.

— N'est-ce pas comme un œil ? dit-il en désignant le rond de lumière sur le plancher.

— Est-ce que tu deviendrais lyrique, tout à coup ?

— Non. Mais ne prétends-tu pas toi-même que la nature des yeux est tout à fait particulière ? Il leur arrive de répandre (pense à tes chères idées sur l'hypnose) une force radicalement différente de celle dont nous parle la physique ; il est non moins sûr que, souvent, les yeux d'un homme le trahissent mieux que ses propos...

— Et alors ?

— Cette lumière est pour moi un œil. Tourné vers un monde inconnu. Il me semble que je devrais deviner quelque chose, mais je ne le puis. Je voudrais le boire, l'absorber...

— Quand je disais que tu devenais lyrique !

— Non, je suis sérieux. Et complètement désespéré. Regarde toi-même, je suis sûr que tu le sentiras aussi. On a envie de se rouler dans cette flaque, de ramper à quatre pattes au fond des recoins les plus poussiéreux, comme si, de la sorte, on allait pouvoir deviner...

— Mon cher, tout cela n'est qu'enfantillage et sensiblerie. Tu ferais bien de n'y plus penser.

Beineberg finit de se pencher et remit la lampe à sa place. Törless éprouva une maligne satisfaction. Il comprit qu'il disposait, pour enregistrer ces impressions, d'un sens que ses camarades n'avaient point.

Il attendait maintenant la réapparition de Basini, et il s'aperçut, non sans un secret tressaillement, que la peau de son crâne se tendait de nouveau sous l'emprise des petites griffes.

Déjà il savait avec précision que quelque chose lui était réservé qui ne cessait de lui annoncer sa venue, à intervalles de plus en plus rapprochés : une sensation qui serait tout à fait incompréhensible aux autres, mais de la plus haute importance, manifestement, pour sa vie.

La seule chose qu'il ne comprît pas, c'était ce que venait faire là l'excitation des sens ; mais il se souvint qu'elle était apparue déjà chaque fois que les événements commençaient à lui sembler étranges (et d'ailleurs à lui seul), et qu'il se tourmentait de ne pas en saisir la raison.

Il se proposa d'examiner sérieusement ce problème dès qu'il en aurait l'occasion ; et en attendant, il s'abandonna tout entier à l'émotion qui précédait la réapparition de Basini.

Depuis que Beineberg avait redressé la lampe, ses rayons dessinaient de nouveau dans l'obscurité un cercle analogue à un cadre vide.

Tout d'un coup, le visage de Basini se retrouva dans ce cadre ; exactement comme la première fois ; avec le même sourire suave et figé ; comme si rien ne s'était passé entre-temps, hormis que sur la lèvre supérieure, la bouche et le menton, de lentes gouttes de sang traçaient un chemin rouge qui se tordait comme un ver.

— Assieds-toi là !

Reiting désignait la grosse poutre. Basini obéit. Reiting commença :

— Tu pensais, j'imagine, que tu t'en étais bien sorti ? Hein ? Tu pensais que j'allais t'aider ? Tu te faisais des illusions. Ce que j'ai fait avec toi n'était que pour voir jusqu'où allait ta bassesse.

Basini eut un geste de protestation. Reiting fit mine de lui sauter dessus de nouveau. Basini dit :

— Pour l'amour de Dieu, je vous en supplie, vous savez bien que je ne pouvais pas faire autrement !

— Tais-toi ! cria Reiting, nous en avons jusque-là de tes excuses ! Nous savons maintenant à quoi nous en tenir, et nous agirons en conséquence !...

Il y eut un bref silence. Soudain, Törless murmura, presque affectueusement :

— Dis un peu : « Je suis un voleur. »

Basini ouvrit de grands yeux effrayés ; Beineberg eut un sourire d'approbation.

Mais Basini resta muet. Beineberg lui donna une bourrade dans les côtes et cria :

— Alors, tu n'as pas entendu ? On te demande de dire que tu es un voleur ! Allez ! Allez ! dis-le, et tout de suite !

De nouveau il y eut un bref silence, à peine mesurable. Puis Basini dit à voix basse, d'une seule haleine, sur le ton le plus neutre qu'il put :

— Je suis un voleur.

Beineberg et Reiting eurent un rire satisfait à l'adresse de Törless :

— Tu as eu là une fameuse idée, petit !

Puis ils se tournèrent vers Basini :

— Maintenant, tu vas dire encore, et tout de suite : « Je suis une bête sournoise, *votre* bête sournoise et vile ! »

Basini le dit, sans reprendre son souffle, les yeux fermés.

Törless s'était rejeté de nouveau en arrière, dans l'ombre. La scène le dégoûtait, et il eut honte d'avoir livré aux autres son idée.

PENDANT la leçon de mathématiques, une idée était venue à Törless.

Depuis quelques jours déjà, il suivait toutes les leçons avec un intérêt particulier, en se disant : « Si tout cela doit vraiment nous préparer à la vie, comme ils disent, il doit bien s'y trouver aussi quelque reflet de ce que je poursuis. »

Quand il s'était dit cela, il pensait précisément aux mathématiques, à cause des réflexions qu'il avait faites sur l'infini.

Et tout à coup, en pleine leçon, ç'avait été comme un éclair brûlant dans sa tête. L'heure avait à peine sonné qu'il était allé s'asseoir à côté de Beineberg, le seul avec qui il pût parler ainsi.

— Dis-moi, tu as tout compris, dans cette histoire ?

— Quelle histoire ?

— Celle des nombres imaginaires.

— Oui. Ce n'est pas si compliqué que ça. Il suffit de se rappeler que l'unité de calcul, c'est la racine carrée de moins un.

— Justement, cette racine n'existe pas ! Tout nombre, qu'il soit positif ou négatif, donne, élevé au carré, un nombre positif. Il ne peut donc y avoir de nombre *réel* qui soit la racine carrée d'une quantité négative !

— D'accord. Mais pourquoi n'essaierait-on pas quand même d'appliquer à un nombre négatif le calcul de l'extraction d'une racine carrée ? L'opération ne peut donner, c'est entendu, aucune valeur réelle, et c'est bien pourquoi on qualifie le résultat d'imaginaire. C'est comme si tu disais : autrefois, il y avait toujours quelqu'un d'assis à cet endroit, apportons-lui donc une chaise aujourd'hui encore, et serait-il mort entre-temps, nous ferons comme s'il allait venir.

— Mais comment le peut-on quand on sait en toute certitude, avec une certitude mathématique, que c'est impossible ?

— Précisément : on agit comme si ce n'était pas impossible, en dépit des apparences, en pensant que cela finira bien par donner un résultat quelconque. Après tout, en va-t-il autrement des nombres irrationnels ? Une division qui garde toujours un reste, une fraction dont la valeur ne sera jamais, jamais obtenue, aussi loin que l'on pousse le calcul ? Et comment vas-tu te *représenter* le fait que deux parallèles ne se rejoignent qu'à l'infini ? Je crois que si l'on voulait se montrer trop pointilleux, il n'y aurait pas de mathématiques du tout.

— Là tu as raison. Dès qu'on voit le problème sous cet angle, il ne manque pas d'étrangeté. Mais le plus étonnant, c'est que ces valeurs imaginaires ou impossibles permettent quand même des calculs *réels*, au bout desquels on obtient un résultat *tangible!*

— C'est simplement que les facteurs imaginaires, à cet effet, s'annulent réciproquement au cours de l'opération.

— Oui, oui, je sais cela aussi bien que toi. N'empêche que quelque chose d'étrange subsiste dans toute l'affaire. Comment l'exprimerai-je ? Ecoute-moi bien : au début de tout calcul de ce genre, on a des chiffres parfaitement solides qui peuvent symboliser des mètres, des poids ou ce que l'on voudra de concret. C'est de semblables chiffres que l'on retrouve à la fin de l'opération. Mais ces derniers chiffres sont reliés aux premiers par quelque chose *qui n'existe pas !* Ne dirait-on pas un pont qui n'aurait que ses piles extrêmes et que l'on ne franchirait pas moins tranquillement comme s'il était entier ? Pour moi, ce genre de calculs a quelque chose de vertigineux ; comme si, à un moment donné, il conduisait Dieu sait où. Mais le plus mystérieux à mes yeux, c'est encore la force cachée dans une telle opération et qui vous maintient d'une main si ferme que vous finissez quand même par aborder sur l'autre rive.

Beineberg répliqua en ricanant :

— Tu es en passe de parler comme notre curé : « Vous voyez une pomme : ce sont les ondes lumineuses, les yeux, etc. ; vous tendez la main pour la saisir : ce sont les muscles et les nerfs qui les commandent. Mais entre les deux, il y a quelque chose, et c'est l'âme, messieurs, l'âme immortelle qui enchaîne une action à l'autre et qui, ce faisant, a commis le péché !... Oui, oui ! mes jeunes amis, aucun de vos actes ne peut s'expliquer sans l'âme, cette âme qui joue sur vous comme sur les touches d'un piano... » (Beineberg imitait le ton du catéchiste énonçant cette rituelle comparaison.) D'ailleurs, toute cette histoire m'intéresse fort peu.

— Je croyais justement qu'elle t'intéresserait. En tout cas, j'ai pensé aussitôt à toi, parce que si c'est vraiment à ce point inexplicable, ce serait presque une confirmation de tes croyances.

— Pourquoi ne serait-ce pas inexplicable ? J'estime parfaitement possible que les créateurs des mathématiques se soient embarrassés ici dans leurs propres pieds. Pourquoi donc ce qui est au-delà de notre raison ne se permettrait-il pas de lui jouer un pareil tour ? Mais je ne vais pas me casser la tête sur des questions qui, en fin de compte, ne mènent à rien.

LE JOUR MÊME, Törless avait demandé au professeur de mathématiques l'autorisation d'aller le voir à l'effet d'obtenir quelques éclaircissements sur la leçon.

C'est ainsi que le lendemain, pendant la pause de midi, il gravissait l'escalier conduisant au petit appartement du professeur.

Il éprouvait maintenant pour les mathématiques un soudain respect : d'aride matière à mémorisation, elles étaient devenues d'un coup pour lui problème vivant. Avec ce respect lui était venu une sorte de jalousie à l'égard du professeur qui devait être familier de cet univers et en porter le secret sur lui comme la clef d'un jardin défendu. Une certaine curiosité, pleine de timidité encore, le poussait aussi. Il n'était jamais entré dans la chambre d'un jeune homme, et la perspective l'excitait de deviner, dans la mesure où le seul décor y aide, ce que pouvait être la vie de cet inconnu à qui sa science n'enlevait rien de sa pondération.

D'ordinaire, Törless se montrait timide et réservé à l'égard de ses professeurs, et il croyait que ceux-ci, de ce fait, ne lui vouaient pas une particulière sympathie. Aussi sa demande lui apparaissait-elle, maintenant qu'il s'était arrêté, nerveux, devant la porte, comme un geste d'audace qui devait lui permettre moins d'obtenir une explication (dont il doutait déjà, au fond de lui-même, qu'il l'obtînt), que de jeter un coup d'œil, par-dessus les épaules du professeur en quelque sorte, sur sa cohabitation avec la mathématique.

On le fit entrer dans le cabinet de travail. C'était une pièce assez longue à une seule fenêtre ; il y avait près de celle-ci un secrétaire taché d'encre et contre la paroi un divan recouvert d'un tissu côtelé vert, râpeux, enrichi de glands. Au-dessus étaient accrochés une casquette d'étudiant défraîchie et toute une panoplie de petites photos sur papier brun, voilées par le temps, car elles dataient elles aussi de l'Université. Sur la table ovale aux pieds en forme d'X dont les volutes, qui auraient tant aimé être le comble de l'élégance, faisaient penser à un compliment mal tourné, étaient posés une pipe et du gros tabac en feuilles. Toute la pièce était imprégnée d'une odeur de tabac bon marché.

A peine Törless avait-il enregistré ces impressions et constaté en lui-même un léger malaise, comme à la vue d'un plat peu appétissant, que son professeur entra.

C'était un jeune homme de trente ans au plus, les cheveux blonds, tout en nerfs ; un mathématicien très capable qui avait déjà soumis à l'Académie une ou deux communications appréciées.

Il s'assit aussitôt à son secrétaire, farfouilla un moment dans les papiers qui y traînaient (Törless comprit après coup qu'il s'y était littéralement *réfugié*), nettoya son lorgnon avec son mouchoir, croisa les jambes et jeta sur Törless un regard d'attente.

Celui-ci, après avoir considéré le décor, s'était mis à examiner son habitant. Il remarqua une paire de grosses chaussettes de laine blanche, et nota que le cirage des bottines avait frotté de noir, par-dessus, les sous-pieds du caleçon.

En revanche, la pochette était blanche comme neige, brodée, et si la cravate était ravaudée, elle avait tout l'éclat et la bigarrure d'une palette.

Törless sentit que ces petites observations contribuaient, sans qu'il le voulût, à le rebuter davantage encore ; il ne pouvait plus guère espérer que cet homme détînt vraiment des secrets essentiels, puisque rien, ni sur sa personne, ni dans ce qui l'entourait, ne suggérait qu'il en fût ainsi. Törless s'était imaginé le cabinet de travail d'un mathématicien tout autrement, dans l'idée que cette pièce devait manifester d'une façon ou d'une autre la nature effrayante des pensées qui s'y formaient. Blessé par la banalité du décor, il la reporta sur les mathématiques elles-mêmes, et son respect fit place, peu à peu, à la réticence et à la méfiance.

Comme le professeur, de son côté, s'agitait sur sa chaise et ne savait dans quel sens interpréter ce long silence et ces regards scrutateurs, une atmosphère de malentendu pesa dès ce moment sur les deux interlocuteurs.

— Eh bien ! nous allons... vous allez... je suis prêt à vous donner des éclaircissements, dit enfin le jeune professeur.

Törless exposa ses objections et s'efforça d'expliquer le sens qu'elles avaient pour lui. Mais il avait l'impression de parler à travers des épaisseurs de brume opaque, et déjà ses meilleurs arguments lui restaient dans le cou.

Le professeur sourit, toussota, dit : « Vous permettez... » et alluma une cigarette qu'il fuma nerveusement, à petites bouffées ; le papier (tous détails que Törless notait entre-temps et jugeait vulgaires) se tachait de gras et se recroquevillait en grésillant à chaque bouffée. Le professeur retira son lorgnon, le remit, hocha la tête... enfin il ne laissa même pas à Törless le temps de finir.

« Je suis heureux, mon cher Törless, vraiment très heureux : vos scrupules sont une preuve de sérieux, de réflexion, de... hum... mais il est bien difficile de vous donner l'explication souhaitée... Il importe avant tout que vous ne vous mépreniez point sur le sens de ce que je vous dis là.

« Vous avez parlé, n'est-ce pas, de l'intervention dans le calcul de facteurs transcendants, hum oui ! c'est ainsi qu'on les nomme...

« A vrai dire, j'ignore votre sentiment à ce sujet : ce qui échappe aux sens, ce qui sort des limites de la stricte raison, tout cela est fort délicat. Au fond, je ne suis pas qualifié pour intervenir dans ce domaine, et je tiens beaucoup à éviter une polémique contre qui que ce soit... Mais en ce qui concerne les mathématiques (et ce disant, il soulignait le mot « mathématiques », comme pour fermer définitivement une porte fatale), en ce qui concerne donc les mathématiques, il est absolument certain que nous n'avons affaire ici qu'à un rapport naturel et purement mathématique.

« Mais les exigences d'une science rigoureuse m'imposeraient l'exposé d'hypothèses préliminaires que vous auriez du mal à comprendre, et de toute façon le temps nous manque.

« Comprenez-moi : je reconnais volontiers que, par exemple, ces valeurs numériques imaginaires, dépourvues de toute existence réelle, sont pour le jeune étudiant, ma foi ! une noix un peu dure. Vous devez admettre que ces concepts sont des concepts inhérents à la nature même de la pensée mathématique, et rien de plus. Réfléchissez un instant : au degré élémentaire où vous vous trouvez encore, nous sommes obligés d'effleurer beaucoup de problèmes dont il est très difficile de donner une explication exacte. Par chance, peu d'élèves s'en rendent compte ; mais quand l'un d'eux vient nous voir, comme vous aujourd'hui (et je vous le répète, cela m'a fait grand plaisir !), nous ne pouvons que lui dire : Mon cher ami, contentez-vous de croire. Quand vous en saurez dix fois plus qu'aujourd'hui, vous comprendrez. En attendant, croyez !

« Il n'y a rien d'autre à faire, mon cher Törless ; les mathématiques sont un monde en soi, et il faut y avoir vécu très longtemps pour en comprendre tous les principes. »

Quand le professeur se tut, Törless se sentit soulagé ; depuis qu'il avait entendu se refermer la petite porte, il avait eu l'impression que les mots s'éloignaient de plus en plus... vers l'autre côté, vers le lieu sans intérêt où l'on rangeait toutes les explications justes, mais insignifiantes.

Toutefois, étourdi par ce torrent de paroles et le sentiment de son échec, il ne comprit pas tout de suite qu'il était temps de prendre congé.

Aussi le professeur chercha-t-il, pour en finir, un argument décisif.

Il y avait sur un guéridon un volume de Kant, un de

ces livres qu'on aime à laisser traîner avec une feinte négligence. Le professeur le prit pour le montrer à Törless.

— Vous voyez ce livre : c'est de la philosophie. Il traite des raisons qui déterminent nos actions. Supposé que vous puissiez vous retrouver dans ses profondeurs, vous vous heurteriez, là aussi, à ces axiomes nécessaires qui déterminent tout sans qu'il soit possible de les comprendre à moins d'un effort particulier. Tout à fait comme en mathématiques. Cela ne nous empêche pas d'agir continuellement d'après ces axiomes : ce qui prouve à quel point ils sont importants. Mais (ajouta-t-il avec un sourire en voyant que Törless avait ouvert le livre aussitôt et entreprenait de le feuilleter), gardez ça pour plus tard. Je ne voulais que vous donner un exemple dont vous puissiez vous souvenir ; pour le moment, ce serait un peu ardu pour vous.

TOUT LE RESTE DE LA JOURNÉE, Törless fut dans une grande agitation.

Le fait d'avoir tenu en main le livre de Kant, ce hasard auquel il avait prêté peu d'attention sur le moment, eut en lui un grand retentissement. Sans doute avait-il déjà entendu parler de Kant et connaissait-il sa « cote » dans les milieux qui ne s'intéressent que de loin aux choses de l'esprit : c'était, disait-on, le « dernier mot de la philosophie ». Ce prestige avait été même l'une des raisons qui avaient tenu Törless éloigné des ouvrages sérieux. D'ordinaire, en effet, les très jeunes gens, passé l'âge où ils veulent être cocher, jardinier ou pâtissier, commencent par situer leur carrière, en imagination, là où semblent s'offrir à leur ambition les meilleures chances de briller. Quand ils disent qu'ils veulent être médecins, il est sûr qu'ils ont vu quelque part une jolie salle d'attente bondée ou une vitrine pleine de mystérieux instruments de chirurgie ; parlent-ils de la Carrière, c'est qu'ils songent à l'éclat et à la distinction de « salons » cosmopolites ; en bref, ils choisissent leur profession d'après le milieu où ils se verraient le plus volontiers, l'attitude où ils se trouvent le plus à leur avantage.

Or le nom de Kant n'avait jamais été prononcé devant Törless autrement qu'en passant, avec l'air qu'on prendrait pour évoquer quelque divinité redoutable. Törless devait fatalement en conclure que Kant avait résolu définitivement le problème philosophique, que la philosophie, désormais, n'était plus qu'une occupation futile, comme il pensait qu'après Schiller et Gœthe il ne valait plus la peine d'écrire.

A la maison, ces livres se trouvaient dans la bibliothèque à vitres vertes du bureau de son père, et Törless savait qu'on ne l'ouvrait jamais, sinon pour la montrer à un visiteur. C'était le temple d'une divinité que l'on n'approche pas volontiers et que l'on vénère uniquement parce que son existence vous soulage heureusement de certains soins.

Ce faux contact avec la philosophie et la littérature avait eu plus tard sur l'évolution de Törless une influence fâcheuse à laquelle il dut bien des heures de chagrin. Son ambition, détournée de ses véritables objets, tomba, au moment où elle cherchait un but pour remplacer celui dont elle avait été privée, sous l'influence résolue et brutale de ses camarades. Ses goûts véritables ne réapparaissaient qu'occasionnellement, timidement, en lui laissant, chaque fois qu'il les écoutait, le sentiment du ridicule et de l'absurde. Mais ils étaient si puissants que Törless ne parvint jamais à s'en défaire complètement ; et ce fut cette lutte incessante qui empêcha son caractère de prendre forme et de s'affirmer vraiment.

Maintenant pourtant, les relations de Törless avec la philosophie semblaient être entrées dans une phase nouvelle. Les pensées dont il venait de demander l'explication en vain n'étaient plus les jeux en l'air d'une imagination livrée à elle-même ; elles le remuaient de fond en comble, elles ne le lâchaient plus, et il sentait, de tout son être, que ce qui demandait le passage derrière elles, c'était un autre fragment de sa vie. Ce bouleversement était pour lui absolument nouveau. Il se découvrait une fermeté qu'il ne s'était jamais connue. C'était un mystère, une sorte de rêve. Sans doute ce changement avait-il mûri silencieusement sous l'influence de ses récentes expériences, et on aurait dit maintenant, soudain, le heurt de doigts impérieux à un panneau. Törless était aussi ému qu'une mère qui devine pour la première fois les tyranniques mouvements de l'enfant dans ses entrailles.

Ce fut une après-midi de merveilleuse exaltation.

Törless sortit de son casier tous les essais poétiques qu'il y avait rangés. Il s'assit près du poêle où il demeura tout à fait seul, inaperçu derrière le haut écran de fer. Il feuilleta les cahiers l'un après l'autre, puis les déchira en petits morceaux très lentement et jeta ceux-ci un à un dans le feu, savourant chaque fois l'émotion délicate des séparations.

Il voulait se débarrasser ainsi de son ancien bagage, comme s'il s'agissait maintenant de porter son attention, libre de toute gêne, sur les pas qui lui permettraient de progresser.

Il se leva enfin et rejoignit ses camarades. Il sentit que le temps des regards inquiets, obliques, était passé. Ce qu'il venait de faire, pourtant, était purement instinctif ; rien ne l'assurait qu'il allait vraiment devenir un être nouveau, sinon le simple fait de cette impulsion. « Demain, se dit-il, demain j'entreprendrai une sérieuse révision générale, et je finirai bien par y voir un peu plus clair. »

Il se mit à circuler entre les bancs, regardant les cahiers ouverts, les doigts, chacun avec sa petite ombre derrière soi, occupés à couvrir d'écriture le blanc aveuglant des feuillets ; il était comme quelqu'un qui s'est éveillé en sursaut et aux yeux de qui toutes choses, soudain, paraissent plus graves.

Mais le lendemain, devait lui apporter un sérieux désappointement. Le matin même, Törless avait acheté dans une petite édition populaire le livre aperçu chez son professeur ; au premier moment de liberté, il se plongea dans sa lecture. Mais, à force de parenthèses et de notes en bas de page, il n'y comprit goutte ; et quand il suivait consciencieusement les phrases des yeux, il avait l'impression qu'une vieille main osseuse lui dévissait littéralement le cerveau.

Quand il s'interrompit, épuisé, au bout d'une demi-heure, il n'avait pas dépassé la deuxième page, et il avait le front couvert de sueur.

Serrant les dents, il lut encore une page, puis les leçons reprirent.

Le soir déjà il ne pouvait plus toucher le livre. Angoisse ou dégoût, il ne savait au juste. Un seul fait précis le tourmentait : le professeur, cet homme si minable, avait ce livre sur son guéridon comme si sa lecture était pour lui un divertissement quotidien.

Telle était son humeur lorsque survint Beineberg.

— Est-ce que tu dors, ou quoi ? Il t'aura bien répondu quelque chose, tout de même ? J'imagine d'ailleurs qu'il n'aura pas été peu embarrassé, non ?

— Pourquoi ?

— Il ne devait pas s'attendre à une question aussi bête.

— La question n'était pas bête du tout : elle continue à me poursuivre.

— Tu me comprends mal : je voulais dire que pour lui, c'était une question idiote. Ils récitent leur affaire par cœur exactement comme les curés le catéchisme, et pour peu qu'on les questionne à côté, ils sont embarrassés.

— Embarrassé, il ne l'a certes pas été pour la réponse. Elle était même si bien prête dans sa tête qu'il ne m'a pas laissé le temps de finir la question.

— Et comment a-t-il expliqué l'histoire ?

— Il ne l'a pas expliquée du tout. Il m'a dit que je n'étais pas encore en mesure de la comprendre, que c'étaient des axiomes dont le sens n'apparaissait qu'à ceux qui ont étudié plus à fond.

— Toujours les mêmes charlatans ! A un esprit encore tout neuf, ils ne peuvent le faire accroire ! Cela ne marche qu'au bout de dix ans, quand le type s'est apprivoisé. A ce moment-là, comme il a fait plusieurs milliers de calculs sur ces bases, comme il a édifié de vastes constructions qui se tenaient toujours (hors l'essentiel), il se met tout uniment à y croire, comme le catholique à la Révélation : elle s'est si bien conservée... Quelle difficulté y a-t-il dès lors à convaincre cet homme ? Au contraire : personne ne pourrait plus lui démontrer, à ce moment-là, que si sa construction tient, chacune des pierres, pour peu qu'on veuille la saisir, en part en fumée !

Les exagérations de Beineberg déplurent à Törless.

— Je ne crois pas qu'il faille pousser les choses aussi

loin. Je n'ai jamais douté que les mathématiques n'eussent raison, leurs résultats le prouvent assez : seul m'étonnait le fait qu'elles paraissaient glisser, ici ou là, vers l'irrationnel ; et il se pourrait, après tout, que ce ne fût qu'une apparence.

— Patiente seulement pendant les dix années d'usage, et tu auras le cerveau formé à souhait pour comprendre... Mais moi aussi, depuis que nous en avons parlé, j'ai réfléchi à ce problème, et je suis convaincu qu'il y a une anicroche quelque part. D'ailleurs, tu en parlais tout différemment, l'autre jour.

— Non. Je continue à avoir des doutes, mais je ne veux pas tomber tout de suite, comme toi, dans l'exagération. Toute l'histoire, évidemment, est bizarre. L'idée de l'irrationnel, de l'imaginaire, des parallèles qui se rejoignent à l'infini, donc *quelque part*, me déconcerte. Quand j'essaie d'y réfléchir, j'en sors étourdi comme d'avoir reçu un coup sur la tête. (Törless se pencha en avant, s'enfonçant dans l'ombre, et sa voix parut se voiler.) Naguère, tout était clair et parfaitement en ordre dans ma tête ; maintenant, mes pensées me font l'effet de nuages entre lesquels il y aurait des trous — ces endroits précis qui m'arrêtent — par où l'on apercevrait un immense espace incertain. Les mathématiques ont sûrement raison ; mais qu'en est-il de mon esprit, mais les autres ? Sont-ils tout à fait imperméables à cela ? Comment le voient-ils ? Ou ne le voient-ils vraiment pas ?

— Je pense que tu peux en juger à ton professeur. Quand tu te heurtes, toi, à un obstacle de ce genre, aussitôt tu regardes de tous côtés, tu te demandes comment l'accorder avec le reste. Mais eux, qui ont creusé petit à petit dans leur cerveau un long chemin de colimaçon, ils se contentent de jeter un coup d'œil en arrière pour s'assurer que le fil qu'ils sécrètent ne s'est pas rompu au dernier tournant. C'est pourquoi ton genre de questions les embarrasse. Elles les empêchent de retrouver leur chemin. D'ailleurs, comment peux-tu dire que j'exagère ? Tous ces hommes mûrs, ces belles intelligences n'ont jamais fait que s'envelopper d'un filet dont chaque maille renforce la précédente, de sorte que l'ensemble a l'air merveilleusement naturel ; mais où se cache la première maille, celle dont tout le reste dépend, nul ne le sait. Nous n'avions pas parlé souvent aussi gravement de tout cela ; c'est qu'on n'aime pas beaucoup en faire des discours, mais tu peux te rendre compte maintenant de la faiblesse des opinions dont les gens se contentent concernant le monde. Ce n'est que leurre, duperie, imbécillité et anémie ! Leur cerveau a tout juste la force d'élaborer sa petite théorie, mais celle-ci, à peine dehors, tremble de froid, tu comprends ? Ah la la ! toutes ces fines pointes, ces cimes dont nos professeurs nous disent qu'elles sont trop hautes pour que nous y puissions toucher encore, elles sont mortes, gelées, tu m'entends ? On voit s'élever de toutes parts ces pointes de glace, on les admire, mais personne n'en peut rien tirer, tant elles sont privées de vie !

Törless, depuis un bon moment, s'était laissé aller de nouveau en arrière. L'haleine brûlante de Beineberg restait prise dans les pardessus et chauffait l'angle où ils se tenaient. Comme toujours, l'excitation de son camarade était pénible à Törless. Surtout maintenant que Beineberg se penchait en avant, si près que ses yeux fixes étaient devant Törless telles deux pierres verdâtres, et que les mains s'agitaient dans la pénombre avec une mobilité particulièrement déplaisante.

— Toutes leurs affirmations sont incertaines. Ils prétendent que tout obéit à des lois naturelles. Quand une pierre tombe, c'est la pesanteur ; pourquoi ne ne serait-ce pas la volonté divine ? Et pourquoi celui en qui Dieu se complairait ne serait-il pas dispensé une fois de partager le sort de la pierre ? Mais à quoi bon te parler de cela ? Tu resteras toujours à mi-chemin. Dénicher quelques bizarreries, hocher la tête un instant, trembler un peu : voilà tes façons. Aller au-delà, tu n'oserais pas. D'ailleurs, ce n'est pas moi qui y perds.

— Serait-ce moi, par hasard ? Ne crois pas que tes affirmations soient à ce point certaines...

— Comment peux-tu dire ça ? Elles sont la seule certitude. D'ailleurs, à quoi bon nous quereller ? Tu auras l'occasion de t'en convaincre, mon cher Törless. Je suis même prêt à parier que le jour viendra où tu retrouveras un sacré intérêt pour ce problème. Par exemple, si ça marche avec Basini comme je le...

— Laisse, je t'en prie, dit Törless en coupant court, ce n'est pas le moment de faire intervenir ces histoires.

— Et pourquoi pas ?

— Parce que. Je ne veux pas, c'est tout. Cela me déplaît. Basini et ce problème sont deux choses différentes et je n'ai pas l'habitude de tout fourrer dans le même panier.

Devant une résolution, une rudesse même à quoi son cadet ne l'avait pas habitué, Beineberg eut une grimace d'irritation.

Törless, lui, sentait que la seule mention de Basini

avait suffi à miner son assurance ; pour le cacher, il s'échauffa à son tour :

— D'ailleurs, tu affirmes avec une assurance tout à fait insensée. Ne vois-tu pas que tes théories pourraient être bâties elles aussi sur le sable ? Ce sont des labyrinthes encore plus biscornus que les autres, et qui supposent davantage encore de bonne volonté.

Chose curieuse, Beineberg ne se fâcha point ; il se contenta de sourire, un sourire un peu crispé il est vrai, avec dans les yeux une étincelle plus fiévreuse encore ; il répétait :

— Tu verras bien, tu verras bien...

— Je verrai quoi ? Eh bien oui ! je verrai, si tu y tiens : mais *je m'en fiche*, Beineberg ! Tu ne me comprends pas. Tu ne sais pas ce qui m'intéresse. Si les mathématiques me préoccupent et si...(mais il se ravisa brusquement et ne parla point de Basini)...si donc les mathématiques me préoccupent, je cherche derrière elles tout autre chose que toi, rien de surnaturel ; c'est le naturel au contraire que je cherche, comprends-tu ? Je ne cherche rien hors de moi, je poursuis quelque chose en moi, en moi, quelque chose de *naturel !* et que pourtant je ne comprends pas. Mais c'est une chose à quoi tu n'es pas plus sensible que le professeur de maths... Je t'en prie, fiche-moi la paix une bonne fois avec tes spéculations !

Törless, quand il se leva, tremblait d'excitation.

Beineberg continuait de marmonner : « Nous verrons bien, nous verrons bien... »

CE SOIR-LA, dans son lit, Törless ne parvenait pas à trouver le sommeil. Les quarts d'heure se relayaient à son chevet telles des infirmières ; il avait les pieds glacés ; la couverture, loin de le réchauffer, l'étouffait.

Dans le dortoir, on n'entendait que la respiration régulière et paisible des élèves qui avaient sombré sans peine, après l'étude, la gymnastique, les ébats en plein air, dans leur bon sommeil d'animaux vigoureux.

Törless écoutait la respiration des dormeurs. Tel souffle devait être celui de Beineberg, tel autre celui de Reiting, tel autre celui de Basini, mais il ne pouvait les distinguer ; il savait seulement qu'ils étaient mêlés à ces nombreux souffles réguliers, régulièrement paisibles, régulièrement confiants, qui travaillaient comme une machine à deux temps.

L'un des rideaux de toile n'avait pu être déroulé qu'à mi-hauteur ; dessous, la nuit claire étincelait et dessinait un rectangle immobile, couleur de cendre, sur le plancher. Le cordon avait dû rester accroché en haut ou sortir d'une poulie ; il pendait avec d'horribles sinuosités, tandis que son ombre rampait sur le rectangle lumineux comme un ver de terre.

Tous ces détails étaient d'une laideur grotesque.

Törless essaya de penser à quelque chose d'agréable. Il se rappela Beineberg. Ne l'avait-il pas tenu en échec ? N'avait-il pas ébranlé sa supériorité ? N'était-il pas parvenu, pour la première fois, à préserver son individualité en face de son aîné ? A la souligner suffisamment pour que celui-ci comprît combien la sensibilité de Törless, dans leurs conceptions, l'emportait en finesse ? Avait-il eu le dernier mot, oui ou non ?

Mais ce « oui ou non » enflait dans sa tête comme des bulles puis éclatait, ce « oui ou non » ne cessait d'enfler sur un rythme régulier comme le roulement d'un train, comme le balancement de fleurs au bout de tiges trop hautes, comme des coups de marteau entendus à travers plusieurs minces cloisons dans une maison silencieuse... Ce « oui ou non » obsédant, satisfait, écœurait Törless. Ces gambades étaient trop grotesques pour que sa joie fût authentique.

Quand il s'éveilla en sursaut, il eut l'impression que c'était sa propre tête qui se balançait, qui roulait sur ses épaules ou qui tapait en cadence comme un marteau...

Enfin tout en lui s'apaisa. Il n'y eut plus devant ses yeux qu'une vaste surface noire qui se déployait en cercles de plus en plus grands...

Alors survinrent, du bord le plus éloigné de cette surface, deux petits personnages chancelants qui traversèrent la table dans sa direction. C'étaient évidemment ses parents. Mais si petits qu'il était incapable de rien éprouver pour eux.

Ils disparurent du côté opposé.

Il en revint encore deux ; mais, gare ! un troisième les avait dépassés en courant, d'un pas deux fois plus allongé que son propre corps, et déjà il avait plongé sous la table : n'était-ce pas Beineberg ? Et les deux autres ? N'y avait-il pas le professeur de mathématiques ? Törless le reconnut à la pochette qui fleurissait si coquettement le veston. Mais l'autre, avec sous le bras ce très très gros livre presque aussi haut que lui, et qu'il pouvait à peine traîner ? Tous les trois pas ils s'arrêtaient, posaient le livre à terre, et Törless entendait la voix geignarde de son professeur qui disait : « S'il en est bien ainsi, nous trouverons ce qu'il nous faut page douze ; la page douze nous renvoie à la page cinquante-deux, mais nous devons tenir compte également de la note de la page trente et un, et cela posé... » Courbés en deux sur le livre, ils le feuilletaient avec tant de véhémence que des nuages de poussière s'en échappaient. Au bout d'un moment ils se redressèrent, et « l'autre », à cinq ou six reprises, caressa les joues du professeur. Puis ils refirent quelques pas, et Törless entendit de nouveau la voix, telle exactement qu'aux leçons de mathématiques, quand elle déroulait le ténia d'un théorème ; jusqu'à ce que « l'autre » se remît à cajoler son compagnon.

Cet autre... Törless fronça les sourcils pour mieux voir. Ne portait-il pas une perruque ? Des vêtements légèrement démodés ? Extrêmement démodés ? Des culottes de soie, même ? N'était-ce pas ?... Mais oui !... Törless se réveilla en criant : « Kant ! »

Presque aussitôt, il sourit ; le silence autour de lui était total, la respiration des dormeurs avait baissé de plusieurs tons. Lui aussi avait donc dormi. Son lit s'était réchauffé. Il s'étira avec délices sous la couverture.

« Ainsi, j'ai rêvé de Kant, songea-t-il. Pourquoi

m'être éveillé si vite ? Peut-être aurait-il fini par laisser échapper un secret... » Il se souvenait que, peu de temps auparavant, ayant omis de préparer une interrogation d'histoire, il avait rêvé toute la nuit des événements qu'elle concernait avec une précision telle qu'il avait pu les évoquer le lendemain comme s'il y avait assisté, ce qui lui avait valu la meilleure note. Puis il se rappela Beineberg, Beineberg et Kant — leur conversation de la veille.

Lentement le rêve se retira, comme une couverture de soie qui glisserait indéfiniment en découvrant le corps nu du dormeur.

Mais au sourire succéda bientôt une étrange nervosité. En définitive, avait-il progressé d'un seul pas dans sa réflexion ? Pouvait-il tirer quoi que ce fût de ce livre qui était censé contenir la solution de toutes les énigmes ? Et sa victoire ? Nul doute que c'était sa vivacité inattendue, et elle seule, qui avait décontenancé Beineberg...

De nouveau un profond malaise, une véritable sensation de nausée l'envahit. Il resta étendu dans cet état pendant de longues minutes, vidé par l'écœurement.

Puis, brusquement, il reprit conscience du contact de son corps avec la toile douce et tiède des draps. Prudemment, lentement et prudemment, Törless, tourna la tête. Oui, le pâle rectangle était toujours sur le carrelage et, bien qu'il se fût déformé légèrement, l'ombre sinueuse rampait au travers. Törless eut l'impression qu'était enchaînée là une menace qu'il pouvait surveiller du fond de son lit comme s'il en avait été protégé par des barreaux, avec la sérénité de qui se sait à l'abri.

Alors, dans sa peau, sur toute la surface de son corps, s'éveilla un sentiment qui se changea très vite en souvenir. Quand il était tout petit, qu'il portait une robe et n'allait pas encore à l'école, il avait souhaité parfois avec une nostalgie inexprimable d'être une fille. Cette nostalgie non plus n'était pas dans la tête, certes non ! pas davantage dans le cœur, c'était un agacement de tout le corps, un frémissement sous la peau. Oui, il y avait eu des moments où il avait si vivement la sensation d'être une fille qu'il jugeait impossible que ce ne fût pas vrai. Car il ne savait rien encore de l'importance des différences physiques, et il ne comprenait pas pourquoi tout le monde lui disait qu'il était condamné à rester toujours un garçon. Et quand on lui demandait pourquoi il croyait plutôt être une fille, il sentait bien que ce n'était pas une chose que l'on pût expliquer.

Aujourd'hui, pour la première fois, il éprouvait de nouveau un sentiment un peu semblable. Et de nouveau c'était seulement répandu sous la peau.

Quelque chose qui semblait être à la fois physique et psychique. Comme le passage rapide de mille antennes veloutées de papillon sur son corps. Et en même temps cet air de bravade que prennent les petites filles en se sauvant quand elles sentent que les adultes ne pourront décidément pas les comprendre, cette arrogance avec laquelle, alors, elles rient d'eux sous cape, cette arrogance craintive, toujours comme prête à une fuite rapide, et qui sent qu'elle pourra se réfugier à tout moment dans quelque repli terriblement secret du petit corps...

Törless se mit à rire doucement à part soi, et s'allongea de nouveau avec satisfaction sous la couverture.

Ce brave petit bonhomme dont il avait rêvé, quelle avidité il mettait à feuilleter le livre ! Mais le rectangle sur le sol ? Hein ! Croyez-vous que ces petits bonshommes si malins aient jamais observé de tels détails de leur vie ? Törless se sentit merveilleusement protégé de ces trop malins personnages et, pour la première fois, il comprit qu'il avait dans sa sensualité — car depuis longtemps il l'avait reconnue — quelque chose que personne ne pourrait lui enlever, que personne ne pourrait singer non plus, quelque chose qui le gardait, comme une muraille très élevée et très secrète, de toute intelligence extérieure.

Croyez-vous que ces bonshommes si calés aient jamais été couchés au pied d'un mur solitaire, poursuivit-il en pensée, tressaillant au moindre frémissement des pierres, comme si elles cachaient une présence cherchant des mots pour parler aux hommes ? Croyez-vous qu'ils aient jamais senti la musique que le vent attise dans les feuilles en automne assez profondément pour découvrir derrière, tout à coup, cette épouvante qui se change lentement, très lentement, en volupté ? Une volupté d'ailleurs étrange, plutôt pareille à une fuite, puis à une raillerie. Qu'il est aisé d'être un homme intelligent quand on ignore tous ces problèmes...

Cependant, le petit bonhomme semblait ne pas cesser de grandir, il prenait des proportions gigantesques, son visage une sévérité implacable ; et chaque fois que Törless le revoyait, une sorte de secousse électrique douloureuse passait de son cerveau au reste du corps. Il retrouvait alors dans toute son étendue la souffrance d'être obligé d'attendre derrière une porte fermée, cette souffrance qu'avaient écartée un instant auparavant les chaudes pulsations de son sang, et dans son âme affluait une plainte sans paroles, pareille à ces hurlements de chiens qui vibrent au-dessus des grandes campagnes nocturnes.

C'est ainsi qu'il se rendormit. Dans le demi-sommeil, il jeta encore un ou deux coups d'œil dans la direction de la tache lumineuse sous la fenêtre, comme on empoigne machinalement une corde de soutien pour s'assurer qu'elle est toujours tendue. Puis, confusément, le projet s'ébaucha d'analyser à fond cette expérience dès le lendemain, la plume à la main si possible ; enfin il n'y eut plus que la délicieuse tiédeur du lit — une sorte de bain, ou d'émotion sensuelle — tiédeur dont il ne prit nullement conscience isolément, mais dans un rapport très obscur et très profond avec Basini.

Il sombra dans un sommeil de plomb, sans le moindre rêve.

POURTANT, ce fut avec ce sentiment qu'il s'éveilla le lendemain. Il aurait donné cher pour savoir ce que c'était qu'il avait mi-pensé, mi-rêvé à propos de Basini au moment de s'endormir, mais il lui fut impossible de se le rappeler.

Il ne lui en resta qu'un souffle de tendresse comme il en flotte dans une maison avant Noël, quand les enfants savent que les cadeaux sont préparés déjà, mais encore défendus par la porte qui ne laisse filtrer qu'ici ou là un très mince rayon de lumière.

Le soir venu, Törless resta en classe ; Beineberg et Reiting avaient disparu quelque part, vraisemblablement dans la chambre du grenier ; Basini était assis à sa place, tout devant, penché sur un livre, la tête dans les mains.

Törless s'était acheté un cahier. Il disposa côte à côte, méticuleusement, plume et encrier. Puis, après un moment d'hésitation, il écrivit sur la première page : *De natura hominum*, jugeant qu'à un sujet aussi philosophique ne pouvait convenir qu'un titre latin. Enfin, il traça un immense et superbe paraphe autour du titre et se renversa dans sa chaise en attendant que l'encre séchât.

Mais c'était fait depuis longtemps qu'il n'avait pas encore repris la plume. Quelque chose le paralysait. Il était comme hypnotisé par les grandes lampes brûlantes et la chaleur animale que dégageaient les élèves réunis dans la classe. Il avait toujours été sensible à cette atmosphère au point d'en éprouver quelquefois une véritable fièvre, qui s'accompagnait immanquablement d'une extraordinaire acuité des perceptions. C'était ce qui se passait maintenant. Toute la journée, il avait réfléchi à ce qu'il allait noter : la succession de ses expériences depuis la soirée chez Bozena jusqu'à l'apparition chez lui, les derniers jours, de ces accès de sensualité indéterminée. Quand tout cela serait mis en ordre, exposé terme à terme, la structure de l'œuvre apparaîtrait d'elle-même, du moins l'espérait-il, comme on voit parfois la forme d'un contour se dégager de la confusion de mille courbes entrecroisées. Il n'en souhaitait pas davantage. Mais, jusqu'à maintenant, il avait été comme le pêcheur à qui les secousses du filet annoncent une bonne prise, mais dont tous les efforts échouent à l'amener à la surface.

Törless finit néanmoins par se mettre à écrire, mais hâtivement, sans plus se préoccuper de la forme. « Je sens quelque chose en moi dont je ne sais ce que ce peut être », nota-t-il. Mais il eut tôt fait de biffer cette ligne pour écrire à sa place : « Je dois être malade... fou peut-être ? » Il frémit, tant ce mot était délicieusement pathétique. « Fou... sinon pourquoi serais-je étonné par des choses qui paraissent banales à tous les autres ? Et tourmenté par cet étonnement ? Et pourquoi cet étonnement susciterait-il en moi l'impudicité ? » Ce terme chargé d'onction biblique, il le choisit tout exprès, parce qu'il lui semblait plus riche et plus obscur. « Jusqu'alors, à cet égard, j'avais eu la même attitude que tous les jeunes garçons, que tous mes camarades... » Là, pourtant, il s'arrêta. « Est-ce bien vrai ? pensa-t-il. Chez Bozena, par exemple, c'était déjà si bizarre... Quand donc est-ce que ça a commencé ? Peu importe... Une fois, en tout cas. » Il n'en laissa pas moins la phrase inachevée.

« Quelles sont les choses qui me déconcertent ? Les plus insignifiantes. Le plus souvent des objets inanimés. Qu'est-ce qui me déconcerte en eux ? Un quelque chose que je ne connais pas. Mais justement, voilà le point ! D'où tiré-je ce *quelque chose ?* Je ressens sa présence ; il agit sur moi ; on dirait qu'il veut me parler. Je m'impatiente comme celui qui doit déchiffrer les mots grimacés par les lèvres d'un paralysé, et qui n'y parvient point. Exactement comme si je disposais d'un sens de plus que les autres, mais qu'il ne fût pas développé, un sens qui serait là, qui se manifesterait, mais ne fonctionnerait pas. Le monde me semble plein de voix muettes : suis-je pour autant un visionnaire, un halluciné ?

« Mais l'inanimé n'est pas seul à avoir sur moi cet effet : les êtres aussi, et cela me trouble encore plus. Jusqu'à il y a un certain temps, je les voyais tels qu'ils se voient. Beineberg et Reiting, par exemple... ils ont leur repaire, leur chambre au grenier, à l'écart, toute banale, parce que ça les amuse d'avoir un endroit où se cacher. Ils font telle chose parce qu'ils sont furieux contre celui-ci, telle autre parce qu'ils veulent prévenir l'influence de celui-là sur leur ami. Rien que des motifs clairs, compréhensibles. Mais maintenant, il m'arrive de penser que je rêve et qu'ils sont des personnages de mon rêve. Non seulement leurs propos, leurs actions, mais tout en eux, inséparable de leur présence physique, agit parfois sur moi comme le font les objets. Je n'en continue pas moins à les entendre parler comme d'habitude, je constate que leurs paroles et leurs actions se succèdent toujours selon les mêmes schémas invariables... comme pour m'assurer inlassablement que rien d'extraordinaire ne se passe, tandis que quelque chose en moi, non moins inlassablement, affirme le contraire. Ce changement a commencé, si mes souvenirs sont exacts, quand Basini... »

Törless, sans le vouloir, jeta un coup d'œil dans la direction de celui-ci.

Basini était toujours penché sur son livre, dans l'attitude de qui étudie sa leçon. En le voyant ainsi, Törless sentit que ses pensées se taisaient pour laisser agir une fois de plus les délicieux tourments qu'il venait de décrire. En même temps qu'il prenait conscience de l'attitude innocente et sereine de Basini assis devant lui, sans rien qui le distinguât de ses voisins, il revécut les humiliations que celui-ci avait endurées. Elles reprirent vie en lui : ce qui signifie non point du tout qu'il éprouvât l'espèce de jovialité du moraliste se disant que tout homme, au sortir d'une humiliation, essaie toujours de retrouver aussi vite que possible au moins l'apparence du naturel et du sang-froid ; mais que se déclencha aussitôt en lui une sorte de tournoiement effréné qui tantôt contractait, tantôt distordait en d'invraisemblables déformations l'image de Basini, au point de lui donner le vertige. A vrai dire, ce sont là des comparaisons qu'il ne trouva qu'après coup. Sur le moment, il eut seulement l'impression que quelque chose montait de sa poitrine oppressée à son cerveau en tourbillonnant comme une toupie folle, la simple conscience de son vertige. Et dans ce tournoiement éclataient comme des taches de couleur les sentiments que lui avait inspirés Basini à différentes époques.

En réalité, ils n'avaient jamais fait qu'un seul et unique sentiment. Plus exactement encore, il s'était agi moins d'un sentiment que d'un ébranlement extrêmement profond dont les ondes ne furent pas perceptibles en surface et dont l'âme tout entière retentit pourtant avec une violence telle et si cachée que les ondes même des sentiments les plus impétueux semblaient, en comparaison, d'innoffensifs moutonnements.

Si ce sentiment unique n'en avait pas moins pris à ses yeux des formes différentes selon les moments, c'est qu'il ne disposait, pour interpréter cette marée déferlant sur tout son être, que des images enregistrées par ses sens : de même que, de la houle roulant à l'infini dans les ténèbres, apparaissent seuls quelques éclats d'écume qui jaillissent sur les rochers d'un rivage éclairé pour aussitôt après sombrer irrémédiablement hors du cercle de lumière.

Aussi ces impressions étaient-elles instables, changeantes, minées par la conscience de leur caractère fortuit. Jamais Törless ne pouvait les retenir ; dès qu'il aiguisait son regard, il devinait que ces délégués à la surface étaient hors de proportion avec la puissance de la masse obscure, cachée, qu'ils étaient censés représenter.

Jamais il ne « voyait » Basini avec la présence physique et la vivacité d'une attitude quelconque, jamais il n'avait de vision proprement dite ; ce n'en était jamais que l'illusion, en quelque sorte la vision de ses visions. Il lui semblait toujours que l'image venait de passer sur l'écran mystérieux, et il ne réussissait jamais à la saisir à l'instant même qu'elle passait. Aussi finissait-il par céder à une sorte de trouble analogue à celui que l'on peut ressentir au cinéma quand, à côté de l'illusion créée par l'ensemble, on est poursuivi par le sentiment confus que derrière l'image perçue en défilent des milliers d'autres dont chacune, vue en soi, serait profondément différente de celle-ci.

Où fallait-il chercher en lui la source de cette puissance d'illusion — toujours légèrement trop faible d'ailleurs pour créer une illusion véritable — il ne le savait point. Il ne faisait que deviner obscurément son rapport avec la mystérieuse particularité qu'avait son âme de sentir quelquefois dans les choses inanimées et les simples objets des milliers de regards interrogatifs et silencieux.

Tel était à ce moment-là l'état d'esprit de Törless, assis immobile, comme figé, les yeux continuellement tournés vers Basini, tout son être emporté dans un tourbillon effréné, dont sans relâche émergeait la même question : « Qu'est-ce donc que cette qualité particulière que je possède ? » Peu à peu, il ne vit plus ni Basini ni les lampes aveuglantes, il cessa de sentir la chaleur animale qui l'enveloppait, le bourdonnement, le bruissement qui s'élève de toute réunion, n'y ferait-on que chuchoter. Tout cela se confondait en une masse obscure, brûlante, qui vibrait autour de lui. Il sentait seulement ses oreilles en feu et de la glace à la pointe de ses doigts. Il retrouvait cette fièvre de l'âme plus que du corps—qu'il aimait tant. Traversée d'émotions tendres, elle ne cessait de croître. Dans cet état, naguère, il avait aimé s'abandonner aux souvenirs que laisse à l'âme juvénile la première femme dont la chaude haleine l'a effleurée. De nouveau remontait en lui cette chaleur lasse. Un souvenir... C'était au cours d'un voyage... dans une petite ville italienne... Il habitait avec ses parents un hôtel proche du théâtre. On y représentait tous les soirs le même opéra, et tous les soirs il en percevait chaque mot, chaque note. Mais il ne possédait pas la langue. Chaque soir, néanmoins, il s'asseyait à la fenêtre ouverte et il écoutait. C'est ainsi qu'il s'éprit de l'une des cantatrices sans l'avoir vue. Jamais le théâtre ne l'avait bouleversé à ce point ; il croyait sentir dans le feu des mélodies le battement d'ailes de grands oiseaux sombres, et suivre dans son cœur les traces de leur vol. Ce qu'il entendait, ce n'étaient plus des passions humaines, mais des passions échappées de ces cages trop étroites, trop banales qu'étaient les cœurs des hommes. A ce degré d'émotion, il lui était impossible de penser aux personnages qui jouaient là-bas, invisibles, ces passions ; essayait-il de se les représenter, aussitôt de sombres flammes fusaient devant ses yeux, ou des formes gigantesques, inouïes, comme on voit dans les ténèbres les corps humains grandir et les yeux miroiter, telles de profondes fontaines. Ce fut cette flamme sombre, ces yeux dans l'obscur, ces noirs battements d'ailes qu'il aima alors sous le nom d'une cantatrice inconnue.

Qui avait composé cet opéra ? Il l'ignorait. Le livret en était peut-être un insipide roman d'amour.

Son auteur l'avait-il senti devenir, grâce à la musique, tout autre chose ?

Une pensée pesa soudain sur tout son corps. En va-t-il de même pour les adultes, pour le monde ? Y a-t-il une loi qui veut qu'il y ait en nous quelque chose de plus fort, de plus grand, de plus beau, de plus passionné, de plus obscur que nous ? Quelque chose dont nous sommes si peu les maîtres que tout ce que nous pouvons faire est de semer mille graines au hasard jusqu'à ce que de l'une d'elles, soudain, monte une plante pareille à une sombre flamme et bientôt plus haute que nous ? Dans chaque parcelle de son corps, en réponse, un « oui » impatient vibrait.

Törless, les yeux brillants, regarda autour de lui. Les lampes, la chaleur, la lumière, les élèves appliqués étaient toujours là. Parmi eux, il se fit l'impression d'être élu ; un saint bénéficiant de visions divines... Il ignorait encore l'intuition des grands créateurs.

Hâtivement, dans la fièvre de l'angoisse, il prit la plume et nota quelques réflexions sur sa découverte ; une fois encore il eut l'impression qu'une lumière jaillissait de lui, illuminant de vastes étendues... puis une pluie de cendres tomba sur ses yeux, et la splendeur multicolore qui l'avait ébloui fut voilée.

L'ÉPISODE KANT était à peu près enterré. Le jour, Törless n'y pensait jamais ; la conviction d'être lui-même à deux doigts de la solution était beaucoup trop vive pour qu'il se préoccupât encore du cheminement d'un autre. Depuis le dernier soir, il avait l'impression d'avoir tenu déjà dans sa paume la poignée de la porte qui ouvrait sur l'inconnu, puis de l'avoir perdue. Mais, ayant compris qu'il devait renoncer au secours de la philosophie, et d'ailleurs s'en méfiant, il se trouvait plutôt perplexe sur le moyen de la retrouver. Il essaya une ou deux fois de poursuivre ses notes, mais les mots écrits restaient sans vie, une succession de points d'interrogation moroses et par trop familiers, sans que se renouvelât cet instant où, entre les lignes, il avait aperçu comme une voûte éclairée par de tremblantes bougies.

Aussi décida-t-il de rechercher sans désemparer, chaque fois qu'il le pourrait, les situations qui possédaient cette signification si particulière pour lui. Très souvent son regard se posait sur Basini quand celui-ci, inconscient qu'on l'observât, circulait comme si de rien n'était parmi les autres. Törless se disait : « Tôt ou tard, cela reprendra vie, et peut-être même une vie plus intense et plus évidente. » Il pensait qu'à l'égard de ces questions, l'homme se trouvait comme dans une pièce obscure où il ne lui restait rien d'autre à faire, s'il avait perdu le bon endroit, qu'à palper et palper encore, à tâtons, au jugé, les cloisons sombres : cette pensée le tranquillisait.

La nuit, cependant, elle perdait un peu de sa force. Törless se sentait vaguement honteux de s'être dérobé ainsi à son premier propos, qui était de tirer du livre révélé par son professeur l'explication qui y était peut-être contenue malgré tout. Il était couché, immobile, et il écoutait la respiration de Basini, aussi paisible dans ce corps souillé que celle des autres. Il était couché, immobile, comme un chasseur à l'affût, avec le sentiment que sa longue attente finirait bien par être récompensée. Mais dès que réapparaissait le souvenir du livre, la dent aiguë du doute rongeait cette quiétude, avec le pressentiment d'une perte de temps et la vague conscience d'une défaite.

Le plaisir que Törless trouvait à ses méditations, comme on en trouve à suivre le déroulement d'une expérience scientifique, était perdu dès que ce sentiment obscur resurgissait. Alors, de Basini à lui semblait passer un influx purement physique, ce genre d'attrait qu'exerce une femme quand elle est endormie à côté de vous et que l'on peut à son gré rejeter la couverture : ce chatouillement dans le cerveau à l'idée qu'il suffit d'étendre la main... Cela même qui entraîne souvent les jeunes couples à des excès qui dépassent de beaucoup leurs besoins.

Selon qu'était plus ou moins vive l'idée que son

entreprise lui paraîtrait dérisoire s'il savait tout ce que savaient Kant, son professeur et quiconque a terminé ses études, selon que cet ébranlement était plus ou moins violent, faiblissaient ou s'intensifiaient les poussées de sensualité qui maintenaient ses yeux ouverts et brûlants malgré le silence et le sommeil général. Parfois même, leur flamboiement était si puissant qu'il étouffait toute autre pensée. Quand, dans ces moments-là, mi-consentant, mi-désespéré, il s'abandonnait à leurs suggestions, il ne se distinguait point du commun des hommes qui ne sont jamais portés à une sensualité plus folle, plus orgiaque, plus voluptueusement lacérante qu'à la suite d'un échec qui a menacé l'équilibre de leur assurance intérieure.

Quand enfin, vers minuit, il sombrait dans un sommeil agité, il crut voir une ou deux fois, dans les parages du lit de Reiting ou de celui de Beineberg, quelqu'un se lever, prendre un manteau et se diriger vers Basini. Puis ils quittaient le dortoir... Mais ce n'était peut-être qu'une idée.

VINRENT DEUX JOURS DE FÊTE ; comme ils tombaient un lundi et un mardi, la direction donna congé aux élèves dès le samedi, et ce furent quatre jours de vacances. Délai trop court, toutefois, pour que Törless pût entreprendre le long voyage de la maison ; il avait espéré au moins la visite de ses parents, mais des affaires urgentes retenaient son père au ministère, et sa mère ne se sentait pas assez bien pour s'exposer seule aux fatigues du voyage.

Ce ne fut qu'au moment où Törless reçut la lettre lui annonçant, avec mille tendres consolations, le refus de ses parents, qu'il comprit à quel point ce refus lui agréait. Il se serait senti dérangé, ou à tout le moins gêné, s'il avait dû affronter ses parents à ce stade de son expérience.

De nombreux élèves furent invités dans des propriétés voisines. Diouche, dont les parents possédaient un beau domaine à une journée de voiture de la petite ville, partit aussi ; Beineberg, Reiting et Hofmeier l'accompagnèrent. Basini avait été invité également, mais Reiting l'avait contraint à refuser. Törless prétexta qu'il ignorait s'il n'y avait pas encore une chance pour que ses parents vinssent le voir : il ne se sentait nullement d'humeur à savourer l'innocente gaieté d'une partie de campagne.

Dès l'après-midi du samedi, le silence régna dans la grande demeure presque vide.

Quand Törless passait dans les couloirs, son pas retentissait d'un bout à l'autre de l'étage ; personne ne s'occupait de lui, car les maîtres eux-mêmes étaient partis pour la plupart, à la chasse ou ailleurs. Les rares élèves demeurés à l'Ecole ne se voyaient qu'aux repas que l'on servait maintenant dans une petite pièce attenante au réfectoire déserté ; le repas terminé, leurs pas se dispersaient de nouveau dans le vaste dédale des couloirs et des salles, on aurait dit que le silence de la demeure les engloutissait ; dans l'intervalle, ils menaient une existence aussi cachée qu'araignées et cloportes dans les caves et les greniers.

De la classe de Törless, seuls Basini et lui étaient restés, sans parler d'un ou deux autres qui étaient à l'infirmerie. Au départ, Törless avait eu un dernier entretien confidentiel avec Reiting à propos de Basini. Reiting craignait que Basini ne profitât de l'occasion pour quêter la protection d'un professeur, et il insista auprès de Törless pour qu'il exerçât sur celui-ci une surveillance attentive.

Il n'était pas besoin de cette recommandation pour que toute l'attention de Törless fût concentrée sur Basini.

A peine le tumulte des voitures qui s'avançaient jusqu'au portail, des domestiques qui chargeaient les bagages, des élèves qui se séparaient en plaisantant fut-il passé, que la conscience d'être seul avec Basini effaça, chez Törless, tout autre sentiment.

On avait terminé le repas de midi. Basini était assis en avant, à sa place habituelle, écrivant une lettre. Törless s'était installé dans l'angle le plus reculé de la classe et il essayait de lire.

C'était, de nouveau, pour la première fois, le fameux livre, et la situation avait été combinée par lui en imagination exactement telle : Basini assis en avant, lui derrière, ne le quittant pas des yeux, le pénétrant du regard. C'était ainsi qu'il voulait lire. En s'enfonçant un peu plus profondément, après chaque page, en Basini. C'était ainsi que les choses devaient se passer ; ainsi qu'il devait trouver la vérité, sans jamais lâcher la vie, la vie vivante, complexe, ambiguë...

Mais c'était impossible. Comme toujours lorsqu'il avait combiné trop soigneusement son plan. Cela manquait de spontanéité, et son exaltation, vite paralysée, se changea bientôt en ennui ; un ennui dont on aurait dit vraiment qu'il collait à ces essais décidément trop voulus, comme une pâte gluante.

Törless, rageusement, jeta le livre à terre. Basini se retourna, effrayé, mais se hâta de revenir à sa lettre.

Les heures traînèrent ainsi jusqu'au crépuscule. Törless était plongé dans une complète hébétude. La seule chose qui se détachât, pour sa conscience, sur le bourdonnement ou marmonnement sourd de son cœur, c'était le tic-tac de sa montre : une petite queue qui eût battu au derrière des heures indolentes. Dans la salle, les formes se brouillaient. Basini devait avoir fini d'écrire depuis longtemps... « Sans doute n'ose-t-il pas allumer », se dit Törless. Etait-il même encore assis à sa place ? Törless avait regardé par la fenêtre le paysage désolé qui sombrait dans les ténèbres, et son œil dut d'abord s'habituer à l'obscurité de la salle. Si, tout de même. Cette ombre immobile, là-bas, ce doit être lui. Il soupire même, une fois... deux fois... Ou se serait-il endormi ?

Un domestique entra et alluma les lampes. Basini sursauta et se frotta les yeux. Puis il prit un livre dans son tiroir, et parut désireux de travailler. Törless brûlait de lui parler ; pour ne pas succomber à ce désir, il quitta rapidement la salle.

CETTE NUIT-LA, si violente était la sensualité qu'avait accumulée en lui le calvaire d'une journée d'hébétude, Törless fut à deux doigts de se jeter comme une bête sur Basini. Par bonheur, le sommeil le délivra juste à temps.

Un autre jour passa. Il n'avait rien apporté que ce même calme stérile. Le silence, l'attente surexcitèrent Törless, son effort ininterrompu d'attention consuma toute son énergie mentale, au point qu'il lui devint impossible de former la moindre pensée.

Rompu, déçu, mécontent de soi jusqu'à sombrer dans les plus horribles doutes, il se mit au lit plus tôt que de coutume.

Il se trouvait depuis un moment dans l'agitation brûlante du demi-sommeil quand il entendit Basini entrer.

Sans faire un mouvement, il suivit des yeux la forme sombre qui passait devant son lit ; il entendit le froissement des vêtements qu'on retirait ; celui de la couverture qu'on ramenait sur le corps.

Törless retint son souffle, mais il n'était plus en état de rien entendre. Néanmoins, il ne pouvait se défaire du sentiment que Basini ne dormait point, qu'il était aux aguets, aussi crispé que lui, dans l'obscurité. Ainsi passèrent plusieurs quarts d'heure, des heures entières. Coupées seulement de temps en temps par le bruit léger des corps changeant de position dans le lit.

Tõrless était tenu éveillé par une étrange agitation. La veille, c'étaient les rêveries sensuelles de son imagination qui l'avaient enfiévré ; elles n'avaient eu quelque rapport avec Basini que tout à la fin, comme un dernier sursaut dans la main implacable du sommeil qui les dispersait, et de ce rapport, justement, il n'avait gardé qu'un très vague souvenir. Ce soir, au contraire, il n'y avait eu dès le début qu'un désir instinctif de se lever et d'aller vers Basini. Tant qu'il avait eu l'impression que Basini était éveillé et attentif, il lui avait été extrêmement difficile de maîtriser ce désir ; maintenant que celui-ci devait dormir s'y ajoutait l'envie sauvage de l'assaillir en plein sommeil, comme une proie.

Tõrless sentait déjà tressaillir dans chacun de ses muscles les mouvements nécessaires pour se lever et sortir du lit. Néanmoins, il ne parvenait pas encore à secouer son immobilité.

« Et une fois là-bas, qu'est-ce que je ferai ? » se demanda-t-il, dans son angoisse, presque à voix haute. Il dut s'avouer que ni la cruauté, ni la sensualité n'avaient en lui d'objet réel. Se fût-il jeté réellement sur Basini que son embarras n'eût pas été médiocre. Il ne voulait pas le rosser, tout de même ? Certes non ! Comment donc pensait-il apaiser la fièvre de ses sens ? Pensant à telle ou telle « vilaine manière » d'adolescent, il ne put réprimer un mouvement de répugnance. Se compromettre ainsi devant un autre ? Jamais !

Mais, dans la mesure même où cette répugnance augmentait, grandissait le désir d'aller rejoindre Basini. Finalement, bien que Törless fût parfaitement conscient de l'absurdité de l'entreprise, une contrainte purement physique agit sur lui : on aurait dit qu'on essayait de le tirer du lit au moyen d'une corde. Et, tandis que toute image quelle qu'elle fût s'effaçait de son cerveau et qu'une voix ne cessait de lui répéter que le mieux eût été pour lui de s'endormir, tout à fait mécaniquement, il se dressa sur son lit : lentement — il sentait bien que cette contrainte ne gagnait du terrain que pas à pas sur l'adversaire — en commençant par un bras, puis le haut du corps ; puis il sortit un genou de sous les couvertures, puis... mais déjà il courait pieds nus dans la salle, déjà il était assis sur le bord du lit de Basini.

Basini dormait.

Il semblait même faire d'agréables rêves.

Törless n'était pas redevenu encore le maître de ses mouvements. Un instant il resta assis, immobile, les yeux fixés sur le visage du dormeur. Dans son cerveau vibrèrent ces pensées brèves, détachées, ces simples constatations qui vous viennent quand on perd l'équilibre, quand on tombe, quand on vous arrache un objet des mains. Sans plus savoir ce qu'il faisait, il saisit Basini à l'épaule et le secoua pour le réveiller.

Le dormeur s'étira nonchalamment à une ou deux reprises, puis sursauta, et considéra Törless avec des yeux hébétés de sommeil.

Törless prit peur ; son désarroi était complet ; il comprit enfin ce qu'il avait fait, et se demanda ce qui lui restait à faire. Il eut terriblement honte. On pouvait entendre les battements de son cœur. Des paroles d'explication, des échappatoires se pressaient sur ses lèvres. Il voulut demander à Basini s'il n'avait pas des allumettes, s'il pouvait lui dire l'heure...

Basini continuait à le regarder fixement, sans comprendre.

Déjà Törless, sans avoir prononcé un mot, retirait son bras, déjà il se glissait à bas du lit pour regagner discrètement le sien, quand Basini, brusquement, parut comprendre la situation, et se dressa d'un bond.

Törless s'arrêta, indécis, au pied du lit. Basini lui jeta de nouveau un regard interrogatif, puis il sortit du lit, s'enveloppa dans son manteau, enfila ses pantoufles et se dirigea d'un pas traînant vers la porte.

Törless comprit aussitôt que ce n'était pas la première fois.

En passant, il prit la clef du repaire dissimulée sous son oreiller.

Basini, qui marchait devant, en emprunta sans hésiter la direction. Le chemin qu'on lui cachait naguère semblait lui être devenu familier. Il tint la caisse quand Törless sauta dessus, il écarta les décors avec des gestes précautionneux et discrets, en domestique bien dressé.

Törless ouvrit, et ils entrèrent. Il tourna le dos à Basini pour allumer la petite lampe.

Quand il se retourna, Basini était debout devant lui, complètement nu.

Machinalement, il fit un pas en arrière. La vue soudaine de ce corps nu, blanc comme neige, derrière lequel le rouge des cloisons devenait sang, l'éblouit et le confondit. Basini était bien bâti ; son corps, à peine marqué par la virilité, avait la maigreur élancée et pudique que l'on voit aux très jeunes filles. Törless sentit l'image de cette nudité devenir flammes blanches, flammes brûlantes dans ses veines. A l'empire de cette beauté, il ne put opposer la moindre résistance. Il ne savait pas ce qu'était la beauté. Aux yeux d'un garçon comme lui, nourri de plein air, celle de l'art ne représentait rien encore, ou seulement une ennuyeuse énigme.

Ici, en revanche, la beauté venait à lui sur le chemin de la sensualité. Une attaque par surprise. Il s'exhalait de la peau nue un souffle chaud, étourdissant, c'était une cajolerie voluptueuse où se mêlait cependant quelque chose de si souverain, de si solennel qu'on aurait failli en joindre les mains.

Mais, le premier moment de surprise passé, Törless eut honte. « Tu oublies que c'est un homme ! » Cette pensée l'emplit d'indignation, mais il n'en avait pas moins l'impression qu'avec une fille, la différence n'eût pas été bien grande.

Tout à sa honte, il apostropha Basini :

— Qu'est-ce qui te prend ? Tu vas tout de suite...

Cette fois, ce fut au tour de Basini de paraître stupéfait ; en hésitant, et sans quitter Törless des yeux, il ramassa son manteau.

— Assieds-toi là !

Basini obéit. Törless, les mains croisées derrière le dos, s'appuya à la cloison.

— Pourquoi t'es-tu déshabillé ? Qu'attendais-tu de moi ?

— Mais je croyais...

Basini eut un moment d'hésitation.

— Qu'est-ce que tu croyais ?

— Les autres...

— Quoi les autres ?

— Beineberg et Reiting...

— Beineberg et Reiting, eh bien ? Que faisaient-ils ? Tu dois tout me raconter ! Je l'exige, tu m'entends ? Bien qu'ils l'aient fait déjà.

A ce maladroit mensonge, Törless rougit, Basini se mordit les lèvres.

— Alors, ça vient ?

— Non, ne m'oblige pas à te raconter ! Je t'en prie ! Je ferai tout ce que tu voudras, mais pas ça ! Oh ! tu as une si curieuse façon de me tourmenter...

La haine, l'angoisse et une supplication désespérée luttaient dans le regard de Basini. Törless, involontairement, changea de ton.

— Je ne veux nullement te tourmenter. Je veux seulement te contraindre à dire toi-même toute la vérité. Dans ton propre intérêt, peut-être.

— Mais je n'ai rien fait qui mérite d'être raconté...

— Ah oui ? Pourquoi donc t'es-tu déshabillé ?

— C'est eux qui me le demandaient.

— Et pourquoi faisais-tu ce qu'ils te demandaient ? Serais-tu lâche, pitoyablement lâche ?

— Non je ne suis pas lâche ! Ne dis pas ça !

— Tais-toi donc ! Si leurs coups te font peur, tu pourrais te souvenir des miens !

— Mais je ne crains nullement leurs coups.

— Vraiment ? Alors, qu'est-ce que c'était ?

Törless parlait de nouveau calmement. Déjà il regrettait sa brutale menace. Mais elle lui avait échappé sans qu'il le voulût, simplement parce qu'il lui semblait que Basini prenait envers lui plus de libertés qu'envers les autres.

— Si tu n'as pas peur, comme tu le prétends, qu'est-ce qui t'arrive donc ?

— Ils disent que si je fais tout ce qu'ils veulent, au bout d'un certain temps, on me pardonnera tout.

— Qui est-ce « on » ? Eux deux ?

— Non, vous tous.

— Comment peuvent-ils promettre cela ? J'ai mon mot à dire, moi aussi.

— Ils disent qu'ils s'en chargeront.

Ces mots donnèrent un choc à Törless. Il se souvint de Beineberg lui disant que Reiting, à l'occasion, pourrait agir à son égard exactement comme il agissait à l'égard de Basini. Si l'histoire aboutissait vraiment à un complot contre lui, que ferait-il ? Il ne se sentait pas de taille à lutter avec les deux autres dans ce genre de lutte, et jusqu'où iraient-ils ? Aussi loin qu'avec Basini ? Tout en lui se révoltait contre cette sournoise hypothèse.

Plusieurs minutes s'écoulèrent. Törless se savait manquer d'audace et d'endurance pour ce genre d'intrigues ; mais seulement parce qu'elles ne l'intéressaient pas assez, parce qu'il ne sentait pas tout son être engagé. A ces machinations, il avait toujours eu plus à perdre qu'à gagner. Mais si les choses devaient changer, il sentit qu'il serait capable d'une autre ténacité et d'une autre bravoure. Pourvu qu'il sût à quel moment il serait temps de jouer le tout pour le tout.

— Est-ce qu'ils t'en ont dit plus, à mon sujet ? Comment envisageaient-ils les choses ?

— Plus, non. Ils disaient seulement qu'ils arrangeraient ça.

N'empêche qu'il y avait là un danger, caché quelque part, et qui épiait Törless ; chaque pas pouvait buter sur un piège, chaque nuit pouvait être une veillée d'armes. Une incertitude immense tenait dans cette seule pensée. Il ne s'agissait plus de l'indolence du simple spectateur, du plaisir de jouer avec de mystérieuses visions : c'était du réel, du tangible, des angles où l'on se blessait.

Le dialogue reprit.

— Que font-ils avec toi ?

Basini n'ouvrit pas la bouche.

— Si tu tiens vraiment à t'amender, il faut que tu me dises tout.

— Ils me font déshabiller.

— Oui, oui, je m'en suis aperçu... mais après ?

Il y eut une petite pause, puis Basini dit soudain, sur un ton efféminé, presque provocant :

— Différentes choses.

— Ainsi, tu es leur maî... leur maîtresse ?

— Oh non ! Je suis leur ami !

— Comment oses-tu dire cela ?

— Ce sont eux qui le disent.

— Quoi ?

— Reiting, oui.

— Reiting ?

— Oui, il me témoigne beaucoup d'amitié. D'ordinaire, il faut que je me déshabille et que je lui lise quelques pages d'un livre d'histoire : sur Rome et ses empereurs, sur les Borgia, sur Tamerlan... tu vois d'ici, rien que de grands drames pleins de sang. Alors, il est presque tendre pour moi... Après, généralement, il me bat...

— Après quoi ?... Oh ! je vois...

— Oui. Il dit que s'il ne me battait pas, il serait obligé

de penser que je suis un homme, et il ne se sentirait plus le droit de me témoigner une telle tendresse. Tandis qu'ainsi, je suis sa chose, il n'a pas à se gêner.

— Et Beineberg ?

— Oh ! Beineberg est odieux. Ne trouves-tu pas qu'il sent mauvais de la bouche ?

— Tais-toi ! Ce que je pense ne te regarde pas ! Raconte ce que Beineberg te fait !

— Eh bien ! la même chose que Reiting, sauf que...

— Vas-y !

— Sauf qu'il emprunte d'autres détours. Il commence par me tenir de longs discours sur mon âme. Il me dit que je l'ai souillée, mais seulement, en un certain sens, dans son parvis. Qu'au regard du tabernacle, c'est une action insignifiante, superficielle. Qu'il suffit de l'expier ; qu'ainsi plus d'un pécheur est devenu un saint. De sorte que le péché, d'un point de vue supérieur, ne serait pas un si grand mal ; qu'il suffirait de le porter à son comble pour qu'il se brisât de lui-même. Il me fait asseoir et contempler fixement un cristal...

— Il t'hypnotise ?

— Non, il dit qu'il lui faut seulement endormir et réduire à l'impuissance ce qui flotte à la surface de mon âme. Qu'il ne pourra qu'ensuite entrer en contact avec l'âme elle-même.

— Et qu'est-ce que c'est que ces contacts ?

— Une expérience qu'il n'a jamais réussie encore. Il est assis, et il m'oblige à m'étendre par terre de telle sorte qu'il puisse poser les pieds sur mon corps. Il faut que la contemplation du cristal m'ait sérieusement assoupi et assoupli. Alors, tout à coup, il m'ordonne d'aboyer. Mais il me dit très exactement comment je dois le faire, doucement, une sorte de geignement, comme un chien qui aboie en dormant.

— Et ça rime à quoi ?

— On ne sait. Il me fait aussi grogner comme un porc et me répète deux ou trois fois, tout d'une haleine, que j'ai quelque chose de cette bête en moi. Mais pas du tout de l'air de m'insulter ; il me le dit affectueusement, très bas, pour, selon lui, le « graver dans mon esprit ». Il prétend qu'il se peut que j'aie été un porc dans l'une de mes existences antérieures, et qu'il faut évoquer cet animal pour le rendre inoffensif.

— Et tu crois toutes ces histoires ?

— Bien sûr que non ! A mon avis, il n'y croit pas lui-même. Et puis, de toute façon, à la fin, il n'est plus question de cela. Comment d'ailleurs pourrais-je le croire ? Qui croit à l'âme, aujourd'hui ? Et surtout à la transmigration ? Je sais parfaitement que j'ai commis une faute ; mais j'ai toujours espéré la réparer. Pas besoin de magie pour cela. Je ne me casse pas non plus la tête pour savoir comment j'ai pu la commettre. Ces choses-là se font si vite, toutes seules dirait-on ; on ne s'aperçoit qu'après coup d'avoir fait une bêtise. Mais si ça lui fait plaisir de chercher du surnaturel là derrière, je ne l'en empêcherai pas. De toute façon, en attendant, il faut que je lui sois soumis entièrement. Si seulement il renonçait à me piquer…

— Quoi ?

— Oui, avec une aiguille… oh ! pas bien fort, juste pour voir comment je réagis, si quelque chose ne va pas se manifester en tel ou tel endroit de mon corps. N'empêche que ça fait mal. Il prétend que les médecins n'y connaissent rien ; je n'ai pas fait attention aux preuves qu'il en avançait, je me souviens seulement qu'il parle beaucoup des fakirs qui seraient, quand ils contemplent leur âme, complètement insensibles à la douleur physique.

— Oui, je connais ces idées. Mais tu as dit toi-même que ce n'était pas tout.

— Certes non. J'ai dit que tout cela, à mes yeux, n'était que détours. Après, chaque fois, il y a des quarts d'heure entiers où il ne dit mot, où je ne sais ce qui se passe en lui. Puis, brusquement, il se déchaîne et, comme possédé, il exige de moi des services... bien pires que Reiting.

— Et tu fais tout ce qu'on exige de toi ?

— Que puis-je faire d'autre ? Je veux redevenir quelqu'un de convenable et qu'on me laisse tranquille.

— Et tu crois que ce qui se sera passé entre-temps ne comptera pas pour toi ?

— Mais je n'y puis rien.

— Maintenant fais bien attention et réponds à mes questions : comment as-tu pu voler ?

— Comment ? Ma foi, j'avais absolument besoin d'argent ; j'avais des dettes au restaurant, et ils ne voulaient plus attendre. Puis, j'étais sûr que j'allais recevoir de l'argent d'un jour à l'autre. Parmi les camarades, aucun ne voulait me prêter : les uns parce qu'ils n'en avaient pas plus que moi, et les économes parce qu'ils sont trop heureux de voir le prodigue gêné en fin de mois. Je ne voulais vraiment tromper personne ; je pensais seulement emprunter en cachette...

— Ce n'est pas ce que j'entendais, dit Törless en interrompant un récit qui, visiblement, soulageait Basini. Je te demande comment tu as pu faire cela.

quels sentiments tu as éprouvés, ce qui s'est passé en toi sur le moment.

— Rien du tout. Ça n'a duré qu'un instant, je n'ai rien ressenti, je n'ai réfléchi à rien : simplement, tout à coup, c'était fait.

— Mais avec Reiting, la première fois ? La première fois qu'il t'a demandé ces choses... tu comprends ce que je veux dire...

— Bien sûr, ça ne me plaisait pas, parce que c'était sur ordre. Autrement... songe à tous ceux qui le font volontairement, pour le plaisir, sans que personne en sache rien. Ça ne doit pas être si grave.

— Mais toi, tu l'as fait sur ordre. Tu t'es avili. Comme tu ramperais dans la boue si quelqu'un te le demandait.

— Si tu veux : mais je ne pouvais pas faire autrement.

— Si, tu pouvais.

— Ils m'auraient battu, dénoncé ; toute la honte serait retombée sur moi.

— Laissons cela. Je voudrais que tu me dises autre chose. Ecoute-moi bien : je sais que tu as laissé beaucoup d'argent chez Bozena, que tu as fait le fanfaron, que tu as joué au mâle devant elle. Donc tu as envie d'être un homme, pas seulement en paroles et... de la façon que tu sais, mais de toute ton âme ? Or, tout à coup, survient quelqu'un qui exige de toi des services humiliants, et tu te sens trop lâche pour refuser : est-ce qu'il ne s'est pas produit alors comme une fêlure dans ton être ? Est-ce que tu n'as pas été vaguement terrifié, comme si un événement indicible venait de se produire en toi ?

— Je ne te comprends pas ; je ne sais pas où tu veux en venir ; je ne puis rien te dire de plus.

— Attention : je vais te donner l'ordre de te déshabiller de nouveau.

Basini sourit.

— De te coucher à terre, là, à mes pieds. Ne ris pas ! Je te l'ordonne vraiment. Tu m'entends ? Si tu n'obéis pas immédiatement, tu verras ce qui t'attend quand Reiting sera de retour ! Bon. Tu vois : tu es couché par terre, devant moi. Tu trembles même : aurais-tu froid ? Je pourrais te cracher dessus, maintenant, si je voulais. Ecrase bien ta tête contre le sol : la poussière sur le plancher, n'est-ce pas quelque chose d'étrange ? Un paysage avec des nuages et des rochers plus gros que des maisons ? Je pourrais, moi aussi, te piquer à coups d'aiguille. Dans la niche, près de la lampe, il y en a encore une ou deux. Les sens-tu déjà sur ta peau ?... Mais je ne veux pas... Je pourrais te faire aboyer, comme Beineberg, te faire manger la poussière à l'instar des porcs, je pourrais t'obliger à certains mouvements, tu vois ce que je veux dire ? et à soupirer en même temps : « Ma chère ma... » (Törless s'interrompit brusquement en plein blasphème.) Mais je ne veux pas, je ne veux pas, tu m'entends ?

Basini pleurait.

— Tu me tourmentes...

— Oui, je te tourmente. Mais ce n'est pas mon but. Je ne veux savoir qu'une seule chose : quand j'enfonce toutes ces paroles en toi tels des couteaux, qu'est-ce que tu ressens ? Qu'est-ce qui se passe en toi ? N'y a-t-il pas quelque chose qui éclate ? Dis-le-moi ! Comme un verre soudain vole en éclats, avant même qu'on n'ait décelé la moindre fêlure ? L'image que tu t'étais faite de toi n'a-t-elle pas été soufflée, et remplacée par une autre, jaillissant de l'obscurité, comme une vue de lanterne magique ? Ne me comprends-tu donc pas du tout ? Je ne puis m'expliquer mieux, c'est à toi de me dire...

Basini n'arrêtait plus de pleurer. Ses épaules de fille tressaillaient ; il se contentait de répéter inlassablement : « Je ne sais pas de quoi tu veux parler ; je ne peux rien t'expliquer ; ça se produit sur le moment, inéluctablement : tu ferais la même chose que moi... »

Törless ne disait mot. Il restait adossé à la cloison, immobile, épuisé, et regardait fixement devant lui, dans le vide.

« Si tu étais dans ma situation, tu agirais comme moi », avait dit Basini. En ce cas, tout ce qui s'était passé se réduisait à une nécessité banale, paisible, sans grimaces.

La conscience de Törless s'indignait, se révoltait à cette seule supposition. Mais ce refus de tout son être ne semblait pas lui donner de garanties apaisantes. « ... Oui, j'aurais plus de caractère que lui, je ne supporterais pas de pareilles exigences... Mais est-ce là ce qui importe ? Importe-t-il vraiment de savoir que par fermeté, par décence — toutes raisons que je juge maintenant secondaires — j'agirais autrement ? Non, ce qui compte n'est pas de savoir comment j'agirais, mais bien qu'agissant un jour comme lui, j'aurais aussi peu que lui le sentiment de l'extraordinaire. Voilà l'essentiel : la conscience que j'aurais alors de moi-même serait exactement aussi simple, aussi peu ambiguë que la sienne... »

Cette pensée qui, apparue dans son esprit par lambeaux entremêlés et sans cesse réexaminés, ajoutait à son mépris pour Basini une souffrance intime, discrète, beaucoup plus menaçante pour son équilibre profond que toute réprobation morale, cette pensée tenait au souvenir d'une émotion récente dont Törless ne parvenait point à se défaire. Quand il avait appris par Basini la menace d'un éventuel complot de Reiting et de Beineberg contre lui, il avait simplement eu peur. Comme on a peur quand on est attaqué par surprise ; aussitôt, sans plus réfléchir, avec une promptitude foudroyante, il avait cherché le moyen de riposter ou de se couvrir. Voilà ce qui s'était produit dans l'instant d'un danger réel ; l'émotion qu'il en avait ressentie, ces impulsions brèves, quasi automatiques, l'irritaient. Tout à fait vainement, il essaya de les déclencher à nouveau. Mais il comprenait qu'elles avaient privé le danger, sur le moment, de tout caractère insolite ou équivoque.

Pourtant, il s'agissait exactement du même danger qu'il avait pressenti quelques semaines plus tôt au même endroit, le jour où il avait été si bizarrement effrayé par leur chambre — sorte de ténébreux moyen âge à côté de la vie chaleureuse et limpide des classes — et par Beineberg et Reiting qui étaient devenus soudain, d'écoliers qu'ils étaient, tout autre chose, quelque chose de sombre, de sanguinaire, les héros d'une tout autre vie. Ce jour-là, Törless avait eu l'impression d'une métamorphose, d'un saut, comme si l'image de ce qui l'entourait était apparue brusquement à d'autres yeux que les siens, éveillés d'un sommeil séculaire.

C'était pourtant le même danger... Törless ne cessait de se le redire et, sans relâche, essayait de comparer le souvenir de ces deux émotions.

Basini, cependant, s'était relevé depuis longtemps :

il remarqua le regard fixe, absent de son camarade, rassembla sans bruit ses vêtements et se glissa dehors.

Törless s'en aperçut comme au travers d'un brouillard, et laissa faire sans mot dire.

Son attention était tout entière appliquée à retrouver le point, en lui, où s'était produite soudain cette modification de la perspective intérieure.

Mais, si souvent qu'il en approchât, comme quiconque cherche à comparer le proche et le lointain, il ne parvenait jamais à saisir simultanément dans sa mémoire les images des deux sentiments ; chaque fois, comme sur un déclic, s'en interposait un troisième, comparable sur le plan physiologique à ces sensations musculaires à peine perceptibles qui accompagnent l'accommodation de l'œil. Chaque fois, au moment décisif, c'était ce déclic qui absorbait toute l'attention, l'effort de comparer évinçait l'objet de la comparaison, et sur une légère secousse, tout se figeait.

Törless, infatigable, recommença l'expérience.

Cet effort machinal finit par l'engourdir, si bien qu'il sombra dans une sorte de rêve éveillé, glacial, et, tout un temps, ne bougea pas de sa place.

Puis une pensée l'éveilla, pareille à l'effleurement d'une main. Une pensée si évidente apparemment qu'il s'étonna de ne pas l'avoir eue depuis longtemps.

Une pensée qui se contentait d'enregistrer l'expérience qu'il venait de faire : tout ce qui, vu de loin, nous semble si vaste et si énigmatique, finit toujours par nous paraître absolument simple, par retrouver un équilibre et des proportions normales, banales même. Comme si une frontière invisible était tracée autour de l'homme. Tout ce qui se trame au-delà de cette frontière et paraît venir à nous du bout du monde est comme une mer brumeuse peuplée de formes gigantesques et changeantes ; tout ce qui franchit cette frontière, tout ce qui devient action et entre en contact avec notre vie est clair, avec des formes et des dimensions parfaitement humaines. Entre la vie que l'on vit et celle que l'on sent, que l'on devine, que l'on voit de loin, il y a cette frontière invisible, telle une porte étroite où les images des événements doivent se faire aussi petites que possible pour entrer en nous...

Toutefois, si conformes que fussent ces réflexions à son expérience, Törless gardait la tête penchée, profondément songeur.

« Voilà, se disait-il, une pensée bien singulière... »

Enfin il se retrouva dans son lit. Il ne pensait plus à rien : penser était si difficile, et si peu fructueux. Sans doute ce qu'il avait appris des menées de ses amis lui revenait-il à l'esprit, mais aussi indifférent, aussi morne qu'une nouvelle entrevue dans un journal étranger.

Il n'y avait plus rien à espérer de Basini. Son problème, bien sûr ! Mais ce problème était si douteux, et lui si fatigué, si abattu ! Tout n'avait été peut-être qu'illusion.

Seule l'image de Basini, de sa peau nue, luisante, demeura comme un parfum de lilas dans la pénombre des sensations qui précédèrent le sommeil. La répulsion morale elle-même disparut. Enfin, Törless s'endormit.

Nul rêve ne traversa son repos. Mais, sous son corps, une tiédeur délicieuse déroulait de moelleux tapis. Ce fut cette sensation qui l'éveilla. Il faillit pousser un cri. Basini était à son chevet. L'instant d'après, avec une rapidité insensée, celui-ci avait retiré sa chemise, se glissait sous les draps et pressait contre Törless son corps nu et tremblant.

À peine remis de sa stupeur, Törless le repoussa :

— Qu'est-ce qui te prend ?

Mais Basini se fit suppliant :

— Oh ! ne recommence pas ! Personne n'est comme toi. Ils ne me méprisent pas comme toi ; ils font semblant seulement, pour pouvoir se montrer d'autant plus différents après. Mais toi ? Toi justement ? Tu es plus jeune que moi, quoique plus robuste ; nous sommes tous les deux plus jeunes que les autres. Tu n'es pas brutal et fanfaron comme eux. Tu es doux... je t'aime !

— Quoi ?... Qu'est-ce que tu dis ? Je ne sais ce que tu me veux... Va-t'en ! Va-t'en !

Törless, au supplice, repoussait de son bras tendu l'épaule de Basini. Mais la brûlante proximité de cette peau douce qui n'était pas la sienne l'obsédait, le cernait, l'étouffait. Et Basini ne cessait de murmurer :

— Oui, oui, je t'en prie, je serais si content de faire ce que tu veux !

Törless ne savait que répondre. Pendant que Basini parlait, pendant les quelques secondes où il hésita et réfléchit, une sorte d'océan glauque avait déferlé de nouveau sur son être. Seules s'en détachaient les paroles fiévreuses de Basini, comme étincellent des poissons argentés.

Il continuait à repousser de ses deux bras le corps de Basini ; mais il y avait sur eux comme une chaleur pesante, humide ; ses muscles se relâchèrent ; il les oublia... Il fallut qu'un autre mot étincelât pour le réveiller, parce qu'il sentit soudain, comme une réalité terriblement insaisissable, que ses mains, dans une sorte de rêve, avaient attiré Basini plus près.

Alors il voulut se secouer, se crier à lui-même : « Basini te trompe ! Il ne cherche qu'à te faire tomber à son niveau pour t'empêcher de le mépriser ! » Mais ce cri resta dans sa gorge ; il n'y avait plus un seul bruit vivant dans l'immense demeure ; dans tous les couloirs, immobiles, les flots sombres du silence semblaient dormir.

Törless chercha à se ressaisir ; mais ces eaux étaient devant toutes les portes, pareilles à des gardiens d'ébène.

Alors Törless renonça à chercher des mots. La sensualité qui s'était lentement insinuée en lui à chaque accès de désespoir avait pris maintenant toute sa force. Elle était couchée nue à côté de lui et lui couvrait la tête de son souple manteau noir. Elle lui soufflait à l'oreille de tendres conseils de résignation, elle écartait de ses doigts brûlants, comme inutiles, toutes questions et tous devoirs. Elle murmurait : dans la solitude, tout est permis.

Pourtant, au moment où il fut emporté, il s'éveilla quelques secondes, et s'accrocha désespérément à cette seule pensée : « Ce n'est pas moi ! Ce n'est pas moi ! Demain, je redeviendrai moi-même ! Demain ! »

LES PREMIERS ÉLÈVES revinrent le mardi soir. D'autres ne rentrèrent qu'avec les trains de nuit. Ce fut dans tout le bâtiment une agitation continuelle.

Törless accueillit ses amis d'un air renfrogné et morose : il n'avait point oublié. De plus, ceux-ci rapportaient du monde extérieur un air un peu trop vif, un ton cavalier ; lui qui s'était mis à aimer la torpeur des chambres exiguës, il en ressentit de la honte.

Il avait très souvent honte, maintenant. Moins de la tentation à laquelle il avait cédé (ce qui, dans ces écoles, n'avait rien d'exceptionnel) que de ne pouvoir se défendre d'une espèce de tendresse pour Basini, alors qu'il éprouvait plus intensément que jamais à quel point ce garçon était méprisable et souillé.

Il avait de fréquents rendez-vous secrets avec lui. Il le menait dans toutes les cachettes que Beineberg lui avait révélées, et comme lui-même n'avait aucune habileté dans ce genre d'aventures, ce fut bientôt Basini, plus débrouillard, qui servit de guide.

La nuit, la jalousie qui l'obligeait à surveiller Beineberg et Reiting le privait de sommeil.

Ses deux amis, cependant, évitaient Basini. Peut-être les ennuyait-il déjà. En tout cas, une modification semblait s'être opérée en eux. Beineberg était sombre et boutonné ; parlait-il, ce n'étaient qu'allusions mystérieuses à quelque événement imminent. Reiting, apparemment, avait trouvé une fois de plus une distraction nouvelle ; avec une habileté de routinier, il tissait le filet de quelque complot en cherchant à se gagner les uns par de petites faveurs et en épouvantant les autres dont il avait, par quelque ruse obscure, pénétré les secrets.

Quand ils se retrouvaient ensemble tous les trois, Beineberg et Reiting insistaient pour que l'on refît venir bientôt Basini dans la chambre ou au grenier.

Törless, qui cherchait tous les prétextes pour ajourner ce rendez-vous, n'en souffrait pas moins constamment de sa complicité.

Quelques semaines seulement plus tôt, une telle situation lui eût semblé incompréhensible : c'était, ne fût-ce que par son ascendance, un garçon robuste, sain, normal.

Il ne faudrait pas en déduire toutefois que Basini provoquât en lui, même confusément et passagèrement, ce que l'on appelle à proprement parler du désir. Sans doute une sorte de passion s'était-elle éveillée dans son âme, mais le nom d'amour n'en était évidemment qu'une désignation approximative et fortuite, de même que Basini n'était qu'un substitut provisoire de son objet. En effet, même si Törless se compromettait avec Basini, son désir, jamais rassasié, grandissait bien au-delà de la personne du garçon, entraînant une faim nouvelle et, cette fois, privée d'objet.

D'abord, seule la nudité de ce corps mince l'avait ébloui. L'impression avait été celle même qu'il aurait eue devant la beauté encore nette de toute sexualité d'une très jeune fille. Il avait été stupéfié, subjugué. Et c'était l'irrésistible pureté rayonnant de cette minute qui avait donné à ses rapports avec Basini l'apparence d'une inclination, ce sentiment nouveau, cette inquiétude merveilleuse. Tout le reste était d'un autre ordre. Tout le reste, il le connaissait depuis longtemps, depuis Bozena, depuis bien avant déjà. C'était la secrète et mélancolique sensualité sans objet de l'adolescent, qui ressemble à la terre sombre, humide, maternelle du printemps et à ces obscures eaux souterraines qui profitent du premier prétexte venu pour rompre leurs digues.

La scène à laquelle Törless avait assisté fut ce prétexte. La surprise, le malentendu, la méconnaissance de ses propres sentiments se conjurèrent pour ouvrir brusquement les profonds cachots où s'était accumulé tout le clandestin, le torpide, le désordonné de son âme, et pour guider vers Basini ces obscurs mouvements. Là, en effet, ils se heurtèrent tout à coup à une chose chaude, qui respirait, qui était une chair avec son parfum, une chose qui donnait forme à des rêves jusqu'alors flottants, qui leur donnait aussi la jouissance de sa beauté, alors que Bozena n'avait pu que les fustiger, dans un abîme de solitude, de sa corrosive laideur. Du coup ils accédaient à l'existence réelle : dans cette aurore inattendue tout se mêla, désirs et réalité, rêveries luxurieuses et impressions encore tièdes du contact de la vie, émotions accourues du dehors et flammes s'élevant du fond de l'être à leur rencontre, les enveloppant jusqu'à les rendre méconnaissables.

Pour Törless lui-même, il n'était pas question de telles nuances ; il n'y avait qu'un seul sentiment obscur et dense qu'il était excusable, dans son étonnement, de prendre pour de l'amour.

Il ne tarda point à le mieux juger. Dès lors, une agitation perpétuelle l'entraîna de-ci de-là sans répit. A peine avait-il touché un objet qu'il le reposait. Il n'était point de conversation avec ses camarades où il ne finît par se taire sans raison ou ne changeât vingt fois de sujet, tant il était distrait. Il arrivait même, parfois, qu'au beau milieu de l'entretien l'envahît une bouffée de honte qui le faisait rougir, bégayer, se détourner...

Durant la journée, il s'efforçait d'éviter Basini. S'il ne pouvait s'empêcher de le regarder, il en était presque immanquablement dégrisé. Le moindre geste de son ami l'emplissait de dégoût, les ombres confuses de ses rêves faisaient place à une lumière mate et glacée, son âme semblait se ratatiner jusqu'à ce qu'il ne restât plus que le souvenir d'un désir qui lui apparaissait non moins incompréhensible que répugnant. Il semblait vouloir enfoncer son pied dans le sol et se recroqueviller pour se soustraire à cette honte torturante.

Il se demandait ce que les autres, ses parents, les professeurs lui diraient, s'ils apprenaient son secret.

Mais, avec cette dernière blessure, ses tourments chaque fois prenaient fin. Une froide lassitude le gagnait. La peau brûlante et flasque de son corps se retendait dans un frisson de plaisir. Alors il laissait tranquillement défiler les autres devant lui, mais il n'en était aucun qu'il ne méprisât. Il soupçonnait à part soi des pires horreurs tous ceux qu'il rencontrait.

De plus, il ne trouvait en eux aucune trace de honte. Il ne pensait pas qu'ils pussent souffrir comme il se savait souffrir. Cette couronne d'épines que lui avaient faite les morsures de sa conscience, à ses yeux, leur manquait.

Lui, en revanche, se faisait l'effet de quelqu'un qui s'éveille d'une profonde agonie, de quelqu'un qu'ont effleuré les mains discrètes de la mort et qui ne peut oublier la tranquille sagesse enseignée par les longues maladies.

Cet état d'âme était un bonheur, et il venait toujours un moment où la nostalgie l'en reprenait.

C'était quand il pouvait de nouveau regarder Basini avec indifférence, équilibrer d'un sourire ce que cette figure évoquait de grossier et d'odieux. Il savait qu'il allait s'avilir, mais il prêtait à cet avilissement un sens nouveau. Plus était immonde et vil ce que lui offrait Basini, plus le contraste était vif avec le sentiment de délicatesse douloureuse qui s'ensuivait d'ordinaire.

Törless se retirait dans quelque coin d'où il pouvait observer sans être vu. Quand il fermait les yeux, une sorte de tourment pressant s'emparait de lui, et les rouvrait-il qu'il ne trouvait rien à quoi ce tourment pût correspondre. Puis, *brusquement*, la pensée de

Basini grandissait et absorbait tout au point de perdre bientôt ses contours. Elle semblait ne plus avoir été formée par Törless et ne plus se rapporter à Basini. Toutes sortes de sentiments bruissaient autour d'elle, pareils à des créatures lascives en robes sévères, portant un masque sur leur ardent visage.

Törless ne connaissait aucun de ces sentiments par son nom, d'aucun il ne savait ce qu'il recelait ; mais l'ivresse de la tentation tenait précisément à cette ignorance. Il ne se connaissait plus lui-même ; et c'était cela précisément qui lui permettait de rêver de débauches effrénées, insolentes : comme dans ces fêtes galantes où soudain les lumières s'éteignent et personne ne sait plus qui il couche sur le sol pour le couvrir de baisers.

Törless devait devenir plus tard, une fois surmontée l'épreuve de l'adolescence, un jeune homme très fin et très sensible. On put le ranger alors au nombre de ces natures d'intellectuels ou d'esthètes qui trouvent un certain apaisement à observer les lois et même, au moins partiellement, la morale officielle, parce que cela les dispense de réfléchir à des problèmes grossiers, trop étrangers à la subtilité de leur vie intérieure ; mais qui manifestent, à côté de cette extrême correction apparente et légèrement ironique, la plus totale indifférence et le plus profond ennui pour peu qu'on leur demande un intérêt plus personnel pour ces problèmes. Car le seul intérêt véritablement profond qu'ils éprouvent se porte exclusivement sur le développement de l'âme, de l'esprit, ou comme l'on voudra nommer cela en nous qu'accroît parfois une pensée saisie entre les lignes d'un livre ou suggérée par les lèvres closes d'un portrait, cela en nous qui s'éveille parfois quand une mélodie solitaire, obstinée, s'éloigne et, se perdant, tire avec une étrange force sur le mince fil rouge de notre sang ; cela, en revanche, qui s'évapore immanquablement quand nous remplissons des formulaires, quand nous construisons des machines, quand nous allons au cirque ou que nous nous livrons à l'une ou l'autre des innombrables activités de la même espèce.

Ainsi les esprits de cette sorte sont-ils parfaitement indifférents à ce qui ne sollicite que leur sens du convenable. On comprend donc que Törless ne se soit jamais repenti, par la suite, de son aventure. Son intérêt s'était tourné si résolument et si exclusivement vers les problèmes intellectuels que, lui eût-on raconté d'un débauché une histoire analogue, il ne lui fût certainement jamais venu à l'esprit de s'en indigner. Il eût méprisé cet homme non point d'être un débauché, mais de ne rien être de mieux ; non point pour ses débauches, mais pour l'état d'âme qui l'y avait conduit ; pour sa sottise, ou au contraire pour une intelligence par trop dépourvue de contrepoids sensibles ; en un mot, uniquement pour le triste spectacle de faiblesse et de défaillance ainsi offert. Et que le vice de cet homme eût été l'abus du tabac et de l'alcool ou les excès sexuels, son mépris n'en eût point changé.

Comme pour tous ceux qui concentrent leur attention exclusivement sur l'accroissement de leurs facultés mentales, la simple présence d'émotions déréglées et oppressantes n'avait pas grande importance à ses yeux. Il aimait à penser que le sens du plaisir, les dons artistiques, la finesse de la vie intérieure étaient une parure à laquelle on avait vite fait de s'écorcher. Il jugeait inévitable qu'avec une vie intérieure riche et sensible l'on eût aussi des moments à cacher, des souvenirs à conserver dans des casiers secrets. Tout ce qu'il exigeait, c'était que l'on sût, après coup, en faire un usage raffiné.

C'est ainsi qu'un jour où quelqu'un à qui il avait conté l'histoire de sa jeunesse lui demandait si le souvenir ne lui en donnait pas, malgré tout, quelque honte, il fit cette souriante réponse : « Certes, je ne nie point qu'il ne se soit agi d'un avilissement. Et pourquoi pas ? Il est passé. Mais quelque chose en est resté à jamais : la petite dose de poison indispensable pour préserver l'âme d'une santé trop quiète et trop assurée et lui en donner une plus subtile, plus aiguë, plus compréhensive.

« Voudriez-vous d'ailleurs faire le compte des avilissements dont toute grande passion a laissé les brûlures sur l'âme ? Songez aux heures d'humiliation volontaire de l'amour ! A ces heures d'absence où les amants se penchent sur le bord de profondes fontaines, ou posent à tour de rôle leur oreille sur le cœur de l'autre pour essayer d'entendre les grands chats impatients griffant les parois de leur cachot ! Rien que pour se sentir trembler ! Rien que pour s'effrayer de leur solitude au-dessus de ces profondeurs obscures et infamantes ! Rien que pour se réfugier tout entiers l'un dans l'autre, dans l'angoisse d'être seuls avec ces sombres puissances !

« Regardez donc simplement de jeunes couples dans les yeux. Ces yeux qui disent : Pensez ce que vous voudrez, vous n'avez aucune idée des profondeurs où il nous arrive de descendre ! Ces yeux où brillent une raillerie secrète à l'égard de qui peut ignorer tant de choses, et la tendre fierté de ceux qui ont traversé ensemble tant d'enfers.

« Et comme ces amants l'un avec l'autre, j'ai traversé alors tout cela, mais avec moi seul. »

Pourtant, si Törless devait plus tard parler ainsi, maintenant, emporté par le tourbillon de ses émotions ardentes et solitaires, il était encore fort éloigné d'une pareille assurance quant à l'issue heureuse de l'aventure. Les énigmes qui l'avaient tourmenté peu auparavant avaient encore sur lui un vague effet rétroactif ; c'était, derrière tout ce qu'il vivait, comme une note grave, sourde, lointaine, qu'il n'aimait pas entendre.

Mais, parfois, il ne pouvait s'en empêcher. Alors il sombrait dans le pire désespoir et, à ces souvenirs, une tout autre espèce de honte, pleine de lassitude et comme privée de toute perspective, s'emparait de lui.

La faute en était aux conditions particulières de la vie à l'Ecole. Le flux des énergies juvéniles contenu par les hautes murailles grises accumulait pêle-mêle dans l'imagination toutes sortes de visions voluptueuses qui égaraient plus d'un élève.

Un certain degré d'immoralité passait même pour une preuve de virilité et de courage, la conquête valeureuse de certains plaisirs encore interdits. Surtout si l'on se confrontait à l'apparence des professeurs, pour la plupart étiolés à force de vertu. Toute exhortation à la morale se trouvait du coup liée, pour son plus grand dam, à des épaules étroites, à des ventres creux, à des jambes maigres, à des yeux qui ressemblaient, derrière les lunettes, à de candides agneaux paissant comme si la vie n'était qu'une vaste prairie émaillée des plus belles fleurs de la rhétorique édifiante.

Les élèves de l'Ecole, enfin, n'avaient encore aucune expérience de la vie, ni la moindre idée de ces nuances innombrables qui vont de la vulgaire brutalité au grotesque et au morbide, et qui sont les premières responsables du dégoût des adultes à l'égard de ce genre d'histoires.

Tous ces facteurs d'inhibition dont on ne saurait trop apprécier l'efficacité manquaient à Törless. Il avait bronché en toute naïveté.

Il lui manquait enfin la force de résistance morale, cette extrême sensibilité de l'esprit qu'il devait tant respecter plus tard. Pourtant, elle s'annonçait déjà. Törless allait à la dérive, il ne voyait encore que les ombres projetées dans sa conscience par une puissance provisoirement inconnue, et il les prenait à tort pour du réel ; mais il avait découvert une tâche à remplir, un travail à effectuer sur son âme, même s'il n'était pas mûr pour l'accomplir.

Il savait seulement qu'il avait poursuivi une forme encore indistincte sur un chemin qui menait aux profondeurs de son être ; cette course l'avait rompu. Il s'était mis à espérer des découvertes extraordinaires, mystérieuses, et il n'avait fait que s'égarer dans l'étroit labyrinthe des sens. Non par perversité, mais pour s'être trouvé soudain, spirituellement, sur une voie sans issue.

C'était précisément cette infidélité à quelque grave idéal qui lui donnait la vague conscience d'une culpabilité ; un dégoût inavoué, confus, ne le quittait jamais, une angoisse indécise le poursuivait comme celui qui, dans les ténèbres, ignore s'il marche encore sur le chemin ou s'il ne l'a pas quitté déjà, sans savoir à quel moment.

Il s'efforça dès lors de ne plus penser à rien. Il se laissa vivre, taciturne, hébété, oublieux de toutes ses anciennes interrogations. Le subtil plaisir que lui avait donné son avilissement s'émoussa peu à peu. Il l'éprouvait encore quelquefois ; n'empêche qu'à la fin de cette période, lorsque de nouvelles décisions furent prises sur le sort de Basini, Törless ne fit pas un geste pour s'y opposer.

Les décisions furent prises quelques jours plus tard, lors d'une nouvelle réunion des trois amis dans leur repaire. Beineberg était très grave. Reiting commença :

— Beineberg et moi, nous sommes d'avis que nous devons changer de méthode avec Basini. Il s'est accommodé de l'obéissance qu'il nous doit et n'en souffre plus ; il a pris l'insolente familiarité des domestiques. Aussi le moment est-il venu de faire un pas de plus. Es-tu d'accord ?

— Il faudrait d'abord que je connaisse vos projets.

— Le problème n'est pas simple. Il faut sans doute que nous continuions à l'humilier et que nous l'écrasions définitivement. Je tiens à voir jusqu'où iront les choses. Mais comment nous y prendre, c'est une autre question. Bien entendu, j'ai une ou deux idées qui ne sont pas déplaisantes : par exemple, nous pourrions le fustiger et l'obliger à chanter en même temps des psaumes d'actions de grâces: ce serait assez curieux d'entendre un chant dont chaque note aurait, en quelque sorte, la chair de poule. Nous pourrions lui faire apporter, comme à un chien, les choses les plus malpropres. Nous pourrions l'emmener chez Bozena pour qu'il lui lise les lettres de sa mère, et laisser à Bozena le soin de trouver les plaisanteries idoines. Mais nous avons le temps d'y songer. Nous pouvons réfléchir tranquillement, améliorer certaines propositions et en inventer d'inédites. Pour le moment, sous cette forme abstraite et grossière, c'est sans intérêt. Nous pourrions aussi le livrer à la classe. Ce serait sans doute le moins bête. Dans un tel groupe, si chacun fait sa petite part, il sera bientôt lynché. De toute façon, j'adore les mouvements de foule : personne ne songe à faire grand-chose, et les vagues ne s'en élèvent pas moins toujours plus haut, pour finir par engloutir tout le monde. Vous verrez : pas un ne lèvera le petit doigt, et nous aurons quand même un vrai cyclone ! En être le metteur en scène me plairait infiniment.

— Mais que pensez-vous faire d'abord ?

— Comme je l'ai dit, je préférerais me réserver cela pour plus tard. En attendant, je me contenterais de le menacer et de le battre jusqu'à ce qu'il dise de nouveau « amen » à tout.

— A quoi ?

Ces paroles avaient échappé à Törless. Ils se regardèrent droit dans les yeux.

— Allons ! ne fais pas l'innocent ! Je sais parfaitement que tu es au courant...

Törless ne dit mot : Reiting avait-il eu vent de quelque chose ?... Sondait-il seulement le terrain ?

— ... depuis l'autre fois : ne me dis pas que Beineberg t'a caché ce à quoi se prêtait Basini !

Törless respira.

— Je t'en prie, ne fais pas des yeux si étonnés !

L'autre fois déjà tu les écarquillais, et pourtant ce n'est pas si grave. Beineberg m'a avoué d'ailleurs qu'il en faisait autant.

Sur ces mots, Reiting regarda Beineberg avec une grimace ironique. Lancer des coups bas aux gens devant les autres, sans la moindre gêne, c'était bien lui.

Beineberg ne répliqua rien ; il garda son attitude méditative et c'est à peine s'il ouvrit les yeux.

— Alors, tu accouches ? Il a un projet tout à fait extravagant pour Basini, et il veut le réaliser avant que nous ayons rien fait d'autre. Il faut dire que c'est assez drôle.

Beineberg ne se départit point de sa gravité ; il jeta à Törless un regard pensif et lui dit :

— Te souviens-tu de notre conversation près des portemanteaux ?

— Oui.

— Je n'en ai jamais reparlé, parce que les mots, en fin de compte, sont inutiles. Mais, tu peux me croire, j'y ai réfléchi souvent. Et ce que Reiting vient de te dire est vrai. J'ai fait avec Basini la même chose que lui. Peut-être même ai-je été un peu plus loin. Parce que je croyais, comme je te l'ai dit alors, que la sensualité pouvait être la bonne porte. C'était une expérience. Je ne voyais pas d'autre issue à mes recherches. Mais travailler ainsi au hasard n'a aucun sens. Aussi ai-je passé des nuits à réfléchir à l'établissement d'une méthode. Je crois l'avoir trouvée, et nous en ferons l'essai. Tu verras à quel point tu avais tort. Tout ce que l'on affirme du monde est incertain, tout se passe toujours autrement qu'on ne le pensait. Voilà ce que nous découvrions alors par le revers, en quelque sorte, en cherchant les points où l'explication strictement naturelle trébuchait sur elle-même. Maintenant, j'espère pouvoir montrer l'aspect positif, l'avers de la question !

Reiting, qui servait le thé, poussa Törless du coude, l'air ravi :

— Ecoute bien : c'est assez culotté, son histoire !

Beineberg, rapidement, avait éteint la lumière. Dans l'obscurité, seule la flamme du réchaud projetait encore des lueurs bleuâtres, mouvantes, sur les têtes des trois jeunes gens.

— J'ai éteint la lampe, Törless, parce que l'obscurité convient à ces sujets. Quant à toi, Reiting, si tu es trop niais pour en comprendre les profondeurs, je te permets de dormir.

Reiting, qui s'amusait fort, éclata de rire.

— Tu te rappelles donc notre conversation. Toi-même, alors, avais trouvé dans les mathématiques cette petite anomalie qui témoignait que notre pensée ne s'avance pas sur un terrain toujours également solide, qu'elle a des trous à franchir. On dirait alors qu'elle ferme les yeux, qu'elle se suspend un instant, et néanmoins elle est portée en toute sûreté de l'autre côté. Au fond, il y a longtemps que nous devrions avoir sombré dans le désespoir, puisque notre savoir, dans tous les domaines, est perforé d'abîmes semblables, qu'il se réduit à des fragments épars sur un insondable océan. Mais loin de désespérer, en fait, nous nous sentons aussi sûrs qu'en terrain solide. Si nous n'avions pas ce sentiment évident de sécurité, nous nous suiciderions, accablés par l'indigence de notre esprit. Ce sentiment nous accompagne partout, assure notre cohésion interne, protège à tout instant notre intelligence comme une mère son enfant. Dès que nous en avons pris conscience, nous ne pouvons plus nier l'existence d'une âme. Dès que nous analysons notre vie mentale et reconnaissons l'insuffisance de la raison, nous l'éprouvons avec force. Si ce sentiment n'existait pas, nous nous affaisserions comme des sacs vides. Nous avons seulement désappris à y être attentif, car c'est l'un des sentiments les plus anciens de l'humanité. Il y a des milliers d'années, des peuples qui habitaient à des milliers de kilomètres les uns des autres le connaissaient déjà. Commence-t-on à s'intéresser à ces choses, qu'aussitôt on ne peut plus les nier. Mais je ne veux pas te convaincre par de longs discours ; je dirai juste ce qu'il faut pour que tu puisses suivre l'expérience. La preuve, ce sont les faits qui l'apporteront. Admets donc que l'âme existe : dès lors, il est tout naturel que notre désir le plus ardent soit de rétablir avec elle le contact et la familiarité d'autrefois, d'apprendre à mieux utiliser son énergie, de conquérir une partie des forces surnaturelles qui sommeillent dans ses profondeurs. Car tout cela est possible, et s'est réalisé plus d'une fois : les miracles, les vies des saints, celles des ascètes hindous en sont garants.

— J'ai l'impression, dit Törless en l'interrompant, que tu te convaincs surtout en t'étourdissant de paroles, non ? Tu as même été obligé d'éteindre la lampe. Parlerais-tu de la sorte si nous étions assis parmi les autres élèves en train d'apprendre leurs leçons d'histoire et de géographie ou d'écrire à leurs parents, dans une classe brillamment éclairée, avec peut-être le préfet rôdant entre les bancs ? Est-ce que tes propos ne te sembleraient pas un peu extravagants, prétentieux même, comme si nous n'étions pas de leur race, que nous vivions dans un autre monde, huit cents ans plus tôt ?

— Non, mon cher Törless, je ne parlerais pas autrement. C'est d'ailleurs un de tes défauts de lorgner toujours du côté des autres : tu manques d'indépendance. Ecrire des lettres à la maison ! Tu penses à tes parents quand de telles questions sont en jeu ! Qui te dit qu'ils puissent même nous suivre sur ce terrain ? Nous sommes plus jeunes d'une génération, peut-être nous est-il réservé des expériences qu'ils n'ont jamais seulement pressenties. C'est du moins mon sentiment. Mais à quoi bon tant parler ? Je vous donnerai des preuves.

Après un moment de silence, Törless reprit :

— Comment donc penses-tu procéder pour prendre possession de ton âme ?

— Je ne veux pas te l'expliquer maintenant : de toute façon, je devrai le faire devant Basini.

— Tu pourrais au moins nous en donner une idée.

— Si tu veux. L'homme, l'histoire nous l'apprend, ne peut parvenir à posséder son âme que d'une seule manière : en s'abîmant en soi. Mais c'est là précisément que réside la difficulté. Jadis, par exemple, au temps où l'âme se manifestait encore dans les miracles, les saints pouvaient atteindre ce but par la seule ferveur de leurs prières. Il faut croire que l'âme, en ce temps-là, était d'une autre espèce, puisque aujourd'hui cette méthode échoue. Aujourd'hui, nous sommes désemparés ; l'âme a changé, et dans l'intervalle s'étend malheureusement une longue période où l'attention s'est détournée de ce problème et où le fil s'est rompu irrémédiablement. Nous ne pouvons découvrir une autre voie qu'à l'aide d'une réflexion extrêmement serrée. Je m'y suis appliqué intensément ces derniers temps. Le meilleur moyen serait sans doute l'hypnose. Mais on ne l'a jamais tenté. Comme on se contente toujours de banals tours de force, on ne sait si les méthodes pourraient aboutir à des résultats plus nobles. Tout ce que j'en dirai encore pour aujourd'hui, c'est que je n'hypnotiserai pas Basini de la façon courante, mais avec ma propre méthode qui s'apparente, je crois, à une méthode déjà en usage au moyen âge.

— Ce Beineberg n'est-il pas parfait ? dit Reiting en riant. Sauf qu'il aurait dû vivre en l'an mille, quand chacun annonçait la fin du monde : il aurait fini par croire sérieusement que c'étaient ses pratiques qui avaient sauvé l'humanité !

Comme Törless, à cette plaisanterie, regardait Beineberg, il remarqua que le visage de celui-ci s'était crispé dans une violente grimace, comme sous l'effet de la concentration. L'instant d'après, il eut l'impression qu'une main glacée l'empoignait. L'intensité de son émotion l'effraya. Puis la contrainte de la main qui le serrait se relâcha.

— Ce n'était rien, dit Beineberg. Une idée. Il me semblait que j'allais avoir une inspiration, une indication sur la méthode à suivre...

— J'aime mieux te dire que tu as vraiment l'air atteint, dit Reiting jovial. Je te connaissais pour un dur qui faisait de ces pratiques un simple sport, mais maintenant : une vraie femme !

— Tais-toi ! Tu ne comprends pas ce que c'est de

savoir de telles découvertes si proches, d'être chaque jour sur le point d'y atteindre !

— Allons ! pas d'histoires ! dit Törless que ces quelques semaines avaient rendu infiniment plus ferme et plus énergique ; quant à moi chacun peut faire ce qui lui chante : je ne crois à rien du tout. Ni à tes supplices raffinés, Reiting, ni aux espérances de Beineberg. Pour ma part, je ne vois rien à vous dire. J'attendrai vos résultats.

— Quand donc ?

On se décida pour la nuit du lendemain.

TÖRLESS la laissa venir sans opposer de résistance. D'ailleurs, dans cette nouvelle situation, ses sentiments pour Basini s'étaient sérieusement refroidis. Elle lui offrait même un très heureux dénouement en le libérant d'un coup de cette oscillation entre le désir et la honte à laquelle il n'avait pu se soustraire tout seul. Maintenant, il avait au moins un sentiment clair et net, c'était son dégoût pour Basini : comme si les humiliations qu'on préparait à celui-ci risquaient de le salir lui aussi.

Pour le reste, il avait l'esprit ailleurs et ne pouvait penser vraiment à rien ; surtout pas à ce qui l'avait si fort occupé naguère.

Ce fut seulement quand il se vit monter avec Reiting l'escalier du grenier, tandis que Beineberg les avait précédés avec Basini, que le souvenir de ce qui lui était arrivé se raviva. L'écho des paroles pleines d'assurance qu'il avait jetées alors à la tête de Beineberg le poursuivait, et il aurait voulu retrouver cette fermeté. A chaque marche, son pied hésitait une seconde. Mais Törless ne retrouvait pas l'ancienne certitude. Sans doute se rappelait-il toutes les pensées qui lui étaient venues alors, mais elles semblaient défiler à distance, comme si elles n'étaient plus que les ombres de ce qu'il avait pensé.

Finalement, comme il ne découvrait rien au-dedans de lui, sa curiosité revint aux événements qui se préparaient dehors, et le poussa en avant.

Suivant Reiting, il monta d'un pas rapide les dernières marches.

Tandis que la porte de fer se refermait derrière eux en grinçant, il comprit avec un soupir que si l'initiative de Beineberg se réduisait à un ridicule tour de magie, elle avait au moins pour elle d'être ferme et réfléchie, alors que tout, en lui, n'était qu'impénétrable désarroi.

Ils prirent place sur une poutre transversale, impatients, tendus, comme au théâtre.

Beineberg était déjà là avec Basini.

La situation semblait propice à son projet. L'obscurité, l'air fade, l'odeur douceâtre de pourriture qui s'exhalait des cuves pleines d'eau, tout cela créait une atmosphère d'assoupissement, l'impression que l'on n'allait plus pouvoir tenir les yeux ouverts, une indolence pleine d'indifférence et de lassitude.

Beineberg ordonna à Basini de se déshabiller. Dans l'obscurité, la peau nue montrait maintenant des reflets bleuâtres, décomposés ; elle n'avait plus rien d'excitant.

Soudain, Beineberg tira le revolver de sa poche et le pointa sur Basini.

Reiting lui-même crut bon de se pencher en avant pour pouvoir intervenir en cas de besoin.

Mais Beineberg souriait ; d'un sourire bizarrement crispé, comme s'il ne voulait nullement sourire, et que la seule pression de paroles fanatiques eût ainsi distordu sa bouche.

Basini, paralysé, s'était mis à genoux et regardait l'arme fixement, avec des yeux agrandis par l'angoisse.

— Lève-toi ! dit Beineberg. Si tu obéis exactement à tout ce que je te dirai, il ne t'arrivera rien ; mais si tu me déranges en faisant la moindre difficulté, je t'abats. Compris ? A ma façon aussi, d'ailleurs, je te tuerai, mais tu reviendras à la vie. Mourir ne nous est pas aussi étranger que tu le crois : nous mourons tous les jours, dans les profondeurs sans rêves du sommeil.

De nouveau, un sourire égaré tordit la bouche de Beineberg.

— Maintenant, agenouille-toi là-dessus, dit-il en désignant à Basini une grosse poutre horizontale à peu près à mi-hauteur, comme ça, bien droit, tiens-toi parfaitement droit, en rentrant les reins. Et maintenant regarde ça, mais sans ciller, tu dois ouvrir les yeux aussi grands que possible !

Beineberg plaça une petite lampe à alcool devant Basini, un peu plus haut que lui, de telle sorte que celui-ci devait pencher légèrement la tête en arrière pour la regarder.

On y voyait mal, mais quelques instants plus tard il sembla que le corps de Basini se mît à osciller comme un pendule. Les reflets bleuâtres montaient et descendaient sur sa peau. De temps en temps, Törless croyait apercevoir sur son visage une grimace de terreur.

Au bout d'un certain temps, Beineberg demanda, à la façon des hypnotiseurs traditionnels :

— Es-tu fatigué ?

Puis, d'une voix basse, voilée, il commença :

— Mourir n'est qu'une conséquence de notre manière de vivre. Nous vivons d'une pensée à une autre pensée, d'un sentiment à un autre. Nos sentiments et nos pensées, au lieu de couler comme un fleuve paisible, nous « passent par la tête », nous « envahissent » et nous quittent : illuminations, éclairs, intermittences. En t'observant bien, tu t'aperçois que l'âme n'est pas une substance qui change de couleur par transitions nuancées, mais que les pensées en jaillissent comme des chiffres d'un trou noir. Tu as telle pensée, tel sentiment, et tout d'un coup d'autres les remplacent, surgis de rien. Si tu es très attentif, tu peux même saisir, entre deux pensées, l'instant du noir absolu. Cet instant est pour nous, une fois saisi, tout simplement, la mort. Notre vie ne consiste en effet qu'à poser des jalons et à sauter de l'un à l'autre, franchissant ainsi chaque jour mille et mille secondes mortelles. Dans une certaine mesure, nous ne vivons que dans ces pauses entre deux bonds. Voilà pourquoi nous éprouvons un effroi si grotesque devant la dernière mort qui est ce que l'on ne peut plus jalonner, l'abîme insondable où nous sombrons. Pour cette manière-là de vivre, elle est vraiment la négation absolue. Mais elle ne l'est que dans cette perspective, que pour celui qui n'a jamais appris à vivre autrement que d'instant en instant. J'appelle cela le mal du sautillement ; et tout le secret, c'est de le vaincre. Il faut apprendre à éprouver sa vie comme un long glissement calme. Au moment où l'on y parvient, on est aussi près de la mort que de la vie. On ne vit plus, selon nos critères communs, mais l'on ne peut davantage mourir, puisque avec la vie on a suspendu aussi la mort. C'est le moment de l'immortalité, le moment où notre âme, sortant de la prison du cerveau, pénètre dans ses merveilleux jardins. Maintenant, écoute-moi bien. Endors toute pensée, regarde fixement cette petite flamme... Que ta pensée cesse de sauter d'un objet à l'autre... Concentre toute ton attention sur l'intérieur... Regarde la flamme... Ta pensée est comme une machine qui tourne de plus en plus lentement... toujours... plus... lentement... Regarde vers l'intérieur... jusqu'à ce que tu trouves le point où tu te sentiras présent sans ressentir ni émotion ni pensée... Ton silence me tiendra lieu de réponse. Garde ton regard fixé sur l'intérieur !

Plusieurs minutes s'écoulèrent.

— Sens-tu le point ?

Pas de réponse.

— Ecoute-moi, Basini : as-tu réussi ?

Silence.

Beineberg se leva, et son ombre décharnée se dressa à côté de la poutre. En haut, le corps de Basini, ivre d'obscurité, oscillait visiblement.

— Tourne-toi de côté, dit Beineberg. Ce qui obéit maintenant, ce n'est plus que le cerveau, murmura-t-il, qui fonctionne mécaniquement quelques instants encore, jusqu'à ce que s'effacent les dernières traces que l'âme avait imprimées sur lui. Elle-même est quelque part, dans sa nouvelle existence. Elle ne porte plus les chaînes des lois naturelles... (il s'adressait maintenant à Törless), elle n'est plus condamnée à donner poids et consistance au corps. Penche-toi, Basini, oui, progressivement, encore un peu, encore... Aussitôt que la dernière trace aura disparu du cerveau, les muscles céderont et le corps vide s'effondrera. Ou encore restera à flotter, je ne puis le dire. L'âme a quitté le corps de son plein gré, ce n'est pas la mort habituelle, peut-être le corps flottera-t-il dans l'air, puisque plus rien, nulle puissance de vie ou de mort ne le prend en charge... Penche-toi en avant... encore !

A ce moment, Basini qui avait obéi terrifié à tous les ordres de Beineberg, roula aux pieds de celui-ci en heurtant avec violence le plancher.

Basini cria de douleur. Reiting éclata de rire. Mais Beineberg, qui avait reculé d'un pas, quand il comprit l'échec, poussa un rugissement de fureur. Prompt comme l'éclair, il retira sa ceinture de cuir, empoigna Basini par les cheveux et le cravacha sauvagement. La tension exceptionnelle à laquelle il s'était soumis se soulagea dans le déchaînement des coups. Basini hurlait de douleur au point que tout le grenier en vibrait, comme des lamentations d'un chien.

Törless, durant toute la scène qui avait précédé, était resté parfaitement calme. Il avait espéré secrètement, contre toute attente, que quelque chose se passerait qui lui ferait retrouver le royaume de ses premières émotions. C'était un espoir absurde, il en était bien conscient, mais il y avait cédé tout de même. Maintenant, en revanche, il lui semblait que tout était fini. La scène le révoltait. Non qu'il eût la moindre velléité de pensée : c'était une répugnance muette, inerte.

Il se leva doucement et sortit sans dire un mot. Tout à fait machinalement.

Beineberg continuait à frapper, et il était visible qu'il n'arrêterait qu'épuisé.

QUAND TÖRLESS se retrouva dans son lit, il sentit qu'un épisode de sa vie venait de trouver sa conclusion, que quelque chose était fini. Les jours suivants, il vaqua tranquillement à ses occupations scolaires ; il ne se souciait plus de rien. Reiting et Beineberg pouvaient continuer à réaliser point par point leur programme, Törless s'en désintéressait.

Quatre jours après la scène du grenier, comme Törless se trouvait seul, Basini s'approcha de lui. Il avait triste mine : le visage blême, amaigri, et dans les yeux la flamme fiévreuse d'une angoisse qui ne devait plus lui laisser aucun répit. Avec des regards obliques, effarouchés, il dit en bousculant les mots :

— Il faut que tu m'aides ! Tu es le seul qui le puisses ! Du train dont ils y vont, je ne tiendrai pas longtemps. J'ai supporté tout le reste, mais maintenant, ils finiront bien par me tuer.

Törless aurait préféré n'avoir pas à répondre. Enfin il dit :

— Je ne puis t'aider : tout ce qui t'arrive, tu l'as bien mérité.

— Mais tu étais tellement gentil avec moi, il n'y a pas si longtemps...

— Jamais.

— Pourtant...

— N'en parle plus. Ce n'était pas moi. Un rêve. Un caprice. Je suis même heureux que cette nouvelle infamie nous ait séparés. Pour moi, cela vaut beaucoup mieux...

Basini baissa la tête. Il sentit qu'entre Törless et lui une désillusion s'était glissée et déployée comme une mer grise et morne. Törless était glacial, c'était un autre Törless.

Alors Basini se jeta à ses genoux, frappa du front contre le sol et cria :

— Aide-moi ! Pour l'amour de Dieu !

Törless hésita un instant. Il n'éprouvait ni le désir d'aider Basini, ni assez d'indignation pour le repousser. Il obéit à la première idée qui lui vint.

— Viens au grenier cette nuit, j'en parlerai une dernière fois avec toi.

L'instant d'après, il regrettait déjà ses paroles. « A quoi bon revenir là-dessus ? » pensa-t-il. Et il dit, comme après réflexion :

— Ils te verraient, ce n'est pas possible.

— Non, la nuit dernière ils sont restés avec moi jusqu'au matin : aujourd'hui, ils dormiront.

— Après tout, si tu y tiens. Mais ne t'attends pas que je t'aide.

Törless avait donné ce rendez-vous à Basini contre sa conviction. Celle-ci était qu'intérieurement tout était fini, que l'on ne pouvait plus revenir en arrière. Seuls une sorte de pédantisme et l'obstination d'avance désespérée d'un esprit scrupuleux lui avaient soufflé de revenir une fois encore sur cette aventure.

Il avait envie de faire vite.

Basini ne savait comment se comporter. Il était si meurtri qu'il osait à peine bouger. Toute vie personnelle semblait l'avoir déserté ; un dernier reste s'en était réfugié dans les yeux et paraissait s'accrocher à Törless avec une supplication angoissée.

Il attendait de voir ce qu'allait faire celui-ci.

Enfin Törless rompit le silence. Il parla vite, sur un ton ennuyé, comme quand on est tenu de revenir une dernière fois, pour la forme, sur une affaire expédiée depuis longtemps.

— Je ne t'aiderai pas. Il est vrai que je me suis intéressé à toi quelque temps, mais c'est passé. Réellement, tu n'es qu'une mauvaise graine et un lâche. Sûrement rien d'autre. Pourquoi donc prendrais-je ta défense ? Naguère, je croyais toujours que j'allais trouver d'autres mots pour te définir ; je vois qu'il n'y a rien à dire, sinon que tu es une mauvaise graine et un lâche. C'est terriblement simple et insignifiant, mais il n'y a pas moyen d'en dire plus. Tout ce que je t'ai demandé d'autre avant, je l'ai oublié depuis que tu y as mêlé tes sales désirs. Je voulais trouver, mais loin de toi, un point d'où te regarder : voilà le genre d'intérêt que j'avais pour toi ; c'est toi qui l'as détruit... Mais il suffit, je ne te dois pas d'explications. Une seule question encore : qu'est-ce que tu ressens ?

— Que puis-je donc ressentir ? Je suis à bout.

— Je suppose qu'ils en font de belles, et que ça fait mal.

— Oui.

— Mais est-ce simplement une souffrance ? Tu sens que tu souffres et tu voudrais y échapper ? Est-ce simplement cela, rien de plus complexe ?

Basini ne sut que répondre.

— Evidemment, ma question était un peu vague. Mais peu importe. Je n'ai plus rien à faire avec toi, je te l'ai déjà dit. Ta présence ne m'émeut plus le moins du monde. Fais ce que tu voudras...

Il voulut partir.

Mais Basini, d'un geste, se dépouilla de ses vêtements et se serra contre lui. Son corps était couvert de balafres, répugnant. Son geste, pitoyable comme celui d'une putain inexpérimentée. Törless, écœuré, se détourna.

Il n'avait pas fait trois pas dans l'obscurité qu'il se heurtait à Reiting.

— Tiens, tiens ! Tu as des rendez-vous secrets avec Basini, maintenant ?

Törless suivit le regard de Reiting et aperçut Basini. A l'endroit même où se tenait celui-ci tombait d'une lucarne un rayon de lune, semblable à une grosse poutre blanche. Dans cet éclairage, la peau bleuâtre avec ses stigmates semblait une peau de lépreux. Machinalement, Törless chercha à s'excuser de ce spectacle.

— C'est lui qui me l'a demandé.

— Qu'est-ce qu'il veut ?

— Que je le protège.

— Eh bien ! il a choisi la bonne adresse !

— Je le ferais peut-être, n'était que toute cette histoire m'assomme.

Reiting parut désagréablement surpris. Puis, furieux, il interpella Basini :

— Nous t'apprendrons à comploter dans notre dos ! Ton ange gardien sera présent, et il aura de quoi se régaler.

Déjà Törless s'était détourné ; mais cette flèche qui lui était manifestement destinée le retint sans qu'il eût le temps de réfléchir.

— Non, Reiting, je ne viendrai pas. Je ne veux plus entendre parler de cette histoire : elle me dégoûte.

— Comme ça, tout d'un coup ?

— Oui, tout d'un coup. Avant, je cherchais quelque chose derrière...

Il ne savait pourquoi cette pensée ne cessait maintenant de l'obséder.

— Ah ! ah ! la seconde vue !

— Oui. Mais tout ce que je vois, c'est que vous êtes, Beineberg et toi, de vulgaires brutes..

— J'aimerais que tu voies Basini manger de la merde, dit Reiting sarcastique.

— Cela ne m'intéresse plus.

— N'empêche qu'avant...

— Je te l'ai déjà dit, tant que Basini constituait pour moi une énigme.

— Et maintenant ?

— Je ne connais plus d'énigmes : les choses arrivent, voilà l'unique sagesse.

Törless s'étonna de retrouver soudain des expressions qui se rapprochaient du royaume intérieur qu'il avait cru perdu. Quand Reiting lui répliqua, moqueur, qu'il n'y avait pas besoin d'aller bien loin pour en ramener ce genre de sagesse, le sentiment de sa supériorité l'emplit de rage et lui suggéra des propos violents. Un instant, il méprisa Reiting au point qu'il l'aurait foulé aux pieds avec joie.

— Raille tant que tu voudras ! Mais ce que vous faites, vous, maintenant, n'est que cruauté imbécile, morne, répugnante !

Reiting jeta un regard oblique dans la direction de Basini qui écoutait avec attention le dialogue.

— Mesure tes mots, Törless !

— Répugnant, sordide... voilà ce que j'ai dit !

Reiting s'emporta à son tour.

— Je te défends de nous insulter devant Basini !

— Quoi ? Tu n'as pas à me défendre quoi que ce soit. Ce temps-là est passé. J'ai eu quelque respect pour Beineberg et toi, mais maintenant je vois ce que vous êtes : des fous stupides, répugnants, de vraies bêtes !

— Ferme-la, ou... !

Reiting parut prêt à sauter sur Törless. Celui-ci recula d'un pas et lui cria :

— Crois-tu que je vais me battre avec toi ? Basini n'en vaut pas la peine. Fais-en ce que tu veux, mais laisse-moi passer !

Reiting parut avoir réfléchi à une solution meilleure que les coups et s'écarta. Il ne toucha même pas à Basini. Mais Törless, qui connaissait Reiting, comprit qu'un danger sournois le menaçait désormais à travers lui.

DÈS L'APRÈS-MIDI du surlendemain, Reiting et Beineberg abordaient Törless.

Celui-ci remarqua l'expression méchante de leur regard. De toute évidence, c'était à lui maintenant que Beineberg reprochait l'échec de ses prophéties, et Reiting ne s'était pas fait faute de jeter de l'huile sur le feu.

— J'ai appris que tu nous avais insultés. Et devant Basini encore. En quel honneur ?

Törless ne répondit point.

— Tu sais que ce sont des procédés que nous ne tolérons pas. Mais puisqu'il s'agit de toi, dont nous connaissons les caprices sans leur accorder beaucoup d'importance, nous passerons l'éponge et nous ne te demanderons qu'une chose.

Le ton amical de ces paroles était démenti par une sorte d'attente méchante dans les yeux.

— Basini viendra cette nuit dans la chambre ; nous le punirons de t'avoir excité contre nous. Quand tu nous verras sortir, suis-nous.

Törless refusa :

— Faites ce que vous voudrez, mais ne me mêlez plus à ces histoires.

— Nous profiterons une dernière fois de Basini cette nuit, et demain nous le livrerons à la classe, car il commence à rechigner.

— Faites ce qu'il vous plaira.

— Mais tu y seras.

— Non.

— C'est devant toi que Basini doit comprendre qu'il ne peut rien contre nous. Hier il refusait déjà d'exécuter nos ordres ; nous l'avons battu à mort, et il s'est entêté. Nous devons revenir aux moyens moraux, l'humilier d'abord devant toi, ensuite devant la classe.

— Mais je ne viendrai pas.

— Et pourquoi ?

— Parce que.

Beineberg respira profondément : on aurait dit qu'il voulait faire monter du poison à ses lèvres. Puis il s'approcha de Törless à le toucher :

— Crois-tu vraiment que nous ignorions pourquoi ? Penses-tu que nous ignorions jusqu'où tu as été avec Basini ?

— Pas plus loin que vous.

— Vraiment ? Et c'est toi qu'il aurait choisi pour ange gardien ? C'est en toi qu'il aurait mis toute sa confiance ? Tu ne nous crois tout de même pas si bêtes...

Törless explosa :

— Peu m'importe ce que vous savez, mais fichez-moi la paix avec vos histoires sordides !

— Redeviendrais-tu grossier ?

— Vous me dégoûtez ! Votre brutalité n'a aucun sens ! Voilà ce qui me répugne en vous !

— Alors écoute-moi bien : il y a un certain nombre

de choses pour lesquelles tu devrais nous être reconnaissant. Si tu crois néanmoins pouvoir t'élever au-dessus de nous qui avons été tes maîtres, tu te trompes lourdement. Viendras-tu ce soir ou non ?

— Non.

— Mon cher Törless, si tu te cabres et ne viens pas, tu auras exactement le même sort que Basini. Tu sais dans quelle situation Reiting t'a surpris. Cela suffit. Que nous en ayons fait plus ou moins te sera de peu d'utilité. Tout nous servira pour t'abattre. Tu es beaucoup trop bête et beaucoup trop timoré en ces matières pour pouvoir te défendre. Si donc tu ne te ravises pas à temps, nous te dénoncerons à la classe comme complice de Basini. On verra s'il te protège, alors. Compris ?

Ce flot de menaces, proférées tantôt par Reiting, tantôt par Beineberg ou encore par les deux ensemble, était passé sur la tête de Törless telle une rafale. Quand ils furent partis, il se frotta les yeux comme au sortir d'un rêve. Mais il connaissait Reiting : la colère le rendait capable des pires bassesses, et il semblait avoir été blessé profondément par les insultes et l'insubordination de son cadet. Quand à Beineberg, on aurait dit qu'il frémissait d'une haine accumulée pendant des années, quand c'était simplement pour s'être couvert de ridicule devant ses camarades.

Toutefois, plus graves semblaient les menaces qui s'accumulaient au-dessus de sa tête, plus Törless les accueillait avec indifférence. Il avait peur des menaces, certes : mais c'était tout. Le danger l'avait réintroduit dans le tourbillon du réel.

Il se mit au lit. Il vit sortir Beineberg et Reiting,

Basini les précéder de son pas traînant et las. Mais il ne les suivit point.

Cependant, de terribles imaginations l'assaillirent. Pour la première fois, il repensa à ses parents avec quelque tendresse. Il sentit qu'il avait besoin de ce terrain familier, sans embûches, pour affermir et mûrir tout ce qui ne lui avait apporté jusqu'alors qu'embarras.

Mais qu'était-ce donc, en définitive ? Il n'avait pas le temps d'y réfléchir, d'éplucher cette expérience. Tout ce qu'il ressentait, c'était un désir passionné de sortir de cette situation confuse et troublante, une nostalgie de silence, de lectures. Comme si son âme était une terre noire sous laquelle les germes déjà bougent, sans qu'on sache encore ce qu'ils donneront. Il se représenta soudain un jardinier arrosant chaque matin ses parterres, avec une sollicitude régulière et pleine d'espoir. Cette image le poursuivit, dont la patiente certitude semblait concentrer en elle toute sa nostalgie. Voilà comment devait évoluer son aventure ! Törless maintenant le comprenait ; et il sentit passer au-dessus de son angoisse, de ses craintes, la conviction qu'il lui fallait tout mettre en œuvre, désormais, pour assurer à son âme ces nouvelles dispositions.

La seule chose qu'il n'envisageât pas clairement, c'était ce qu'il lui fallait faire dans l'immédiat. Le premier effet de ce désir d'approfondir paisiblement son expérience fut d'accroître son dégoût pour les intrigues qui l'attendaient. De plus, il avait réellement peur de la vengeance dont on l'avait menacé. Si les deux complices tentaient vraiment de le charger devant la classe, se défendre lui coûterait une dépense d'énergie telle qu'il la regrettait d'avance en pensée. Enfin, rien qu'à songer à cet imbroglio, à cette lutte dépourvue de tout intérêt contre des intentions et une volonté étrangère, un frisson de dégoût le parcourait.

Alors, il se souvint d'une lettre qu'il avait reçue de la maison depuis un certain temps déjà. C'était la réponse à l'une de celles qu'il avait adressées à ses parents avant que ne commençât la phase sensuelle de son aventure, pour essayer de leur expliquer tant bien que mal l'étrangeté de ses sentiments. Dans cette réponse une fois de plus solidement prosaïque, farcie de sentences aussi édifiantes qu'assommantes, on lui conseillait d'encourager Basini à se dénoncer afin de se libérer de son infâme et périlleuse sujétion.

Plus tard, Törless avait relu cette lettre avec Basini couché nu à côté de lui sur les épais tapis de la chambre. Il avait éprouvé un malin plaisir à faire fondre sur sa langue ces mots pesants, sans profondeur et sans lyrisme, en pensant que l'excessive limpidité de leur existence devait empêcher ses parents d'imaginer jamais les ténèbres où son âme, à ce moment-là, était tapie comme un félin aux aguets.

Maintenant, en repensant à ce même passage, il éprouvait de tout autres sentiments.

Un apaisement délicieux le gagna, comme s'il avait senti peser sur son épaule une main ferme et débonnaire. Sa décision fut prise aussitôt. Comme sous le patronage moral de ses parents, une idée l'avait illuminé, qu'il adopta du coup.

Il resta éveillé jusqu'au retour des trois garçons. Il attendit que la régularité de leur souffle l'assurât de leur sommeil. Alors, fiévreusement, il arracha un feuillet de son calepin et écrivit en grosses lettres désordonnées, à la lueur incertaine de la veilleuse, le message suivant :

« Demain, ils te livreront à la classe, et tu peux t'attendre au pire. La seule issue est d'aller te dénoncer au directeur. Il l'apprendrait de toute façon un jour, mais tu aurais encore été battu à mort entre-temps.

« Rejette toute la faute sur R. et B. et ne parle pas de moi.

« Tu vois que je veux te sauver. »

Il glissa ce billet dans la main du dormeur. Enfin, épuisé par l'émotion, il s'endormit à son tour.

LE LENDEMAIN, Beineberg et Reiting parurent désireux d'accorder un dernier jour de sursis à Törless.

Pour Basini, les choses se gâtaient.

Törless vit que Beineberg et Reiting allaient de l'un à l'autre, qu'autour d'eux des groupes se formaient où l'on chuchotait avec passion.

Il ne savait si Basini avait découvert son billet ; se sentant épié sans cesse, il ne trouvait aucune occasion de lui parler.

Au commencement, en fait, il eut peur d'être déjà en cause lui aussi. Mais le caractère répugnant du danger le paralysait au point qu'il l'eût laissé se matérialiser sans se défendre.

Plus tard seulement, prudemment, tremblant de les voir tous se retourner aussitôt contre lui, il se mêla à l'un des groupes.

On ne fit pas attention à sa présence. Pour le moment, il ne s'agissait encore que de Basini.

L'agitation croissait. Törless s'en rendait compte. Il se pouvait que Reiting et Beineberg eussent encore pimenté leurs récits de quelques inventions...

On commença par sourire ; puis quelques mines réprobatrices apparurent, des regards mauvais glissèrent en direction de Basini, enfin pesa sur la classe un silence brûlant, obscur, lourd de noires velléités.

Il se trouva que l'après-midi était libre.

Tous les élèves s'assemblèrent au fond de la classe, près des casiers ; on appela Basini.

Beineberg et Reiting l'encadraient, tels deux dompteurs.

Quand les portes eurent été fermées et apostées les sentinelles, on procéda au rite du déshabillage, qui remporta un franc succès.

Reiting avait à la main une liasse de lettres de madame Basini à son fils ; il en entreprit la lecture.

« Mon brave petit... »

Ce fut un tumulte général.

« Tu sais que le peu d'argent dont je dispose en ma qualité de veuve... »

Fusent des rires gras, des plaisanteries grossières. Reiting veut continuer à lire. Quelqu'un, tout à coup, frappe Basini. Un autre, sur lequel celui-ci tombe, le repousse brutalement, mi-rieur, mi-indigné. Un troisième le relance. Et soudain Basini, nu, la bouche tordue par l'angoisse, vole d'un bout à l'autre de la salle comme une balle, parmi les rires, les cris de joie, les bourrades des élèves ; il se blesse aux angles des bancs, tombe sur les genoux qu'il écorche, et s'écroule enfin, sanglant, couvert de poussière, avec des yeux de bête, vitreux, tandis que le silence se rétablit d'un coup et que tous accourent pour le voir couché sur le sol.

Törless frémit. Il avait vu en action la puissance de la menace.

Il ignorait toujours ce qu'allait faire Basini.

Pour la nuit suivante, il était prévu d'attacher Basini à un lit et de le fustiger avec des fleurets.

A la stupéfaction générale, le directeur fit son entrée dans la salle dès le début de la matinée. Le maître d'études et deux professeurs l'accompagnaient. Basini fut éloigné de la classe et conduit dans une chambre particulière.

Le directeur prononça une harangue véhémente à propos des actes de violence que l'on venait de découvrir, et ordonna une enquête minutieuse.

Basini s'était dénoncé.

Quelqu'un devait l'avoir averti de ce qui l'attendait.

PERSONNE ne soupçonna Törless. On le voyait assis, parfaitement calme, songeur, comme si toute cette histoire ne le concernait nullement. Reiting et Beineberg eux-mêmes ne pensèrent point à chercher en lui le traître. Ils n'avaient pas pris au sérieux leurs propres menaces à son égard ; ils les avaient proférées pour l'intimider, pour lui faire sentir leur supériorité, par colère peut-être ; maintenant que celle-ci était tombée, c'était à peine s'ils se les rappelaient. Leurs obligations envers ses parents, d'ailleurs, eussent suffi à les retenir de rien entreprendre contre lui. C'était pour eux si naturel, si évident, qu'ils ne pouvaient imaginer davantage, de sa part, la moindre manœuvre.

De son intervention, Törless n'eut aucun remords. Son caractère clandestin et même lâche ne pouvait compter en face du sentiment de libération totale qu'elle lui avait valu. Après tant d'émotions, il avait retrouvé un espace merveilleusement vaste et transparent.

Il resta à l'écart des conversations fiévreuses qui se tinrent un peu partout au sujet de ce qui allait se produire ; il passa toute la journée dans la plus grande tranquillité.

Quand vint le soir, quand on alluma les lampes, il s'assit à sa place et posa devant lui le cahier où il avait noté naguère quelques observations hâtives.

Mais il ne fut pas longtemps à les lire. Passant la main sur les pages, il croyait sentir s'en dégager un parfum délicat, comme de vieilles lettres qui fleurent la lavande. C'était la tendresse mêlée de mélancolie que nous vouons à un passé enterré, quand nous retrouvons dans l'ombre pâle et délicate qui en monte, les mains pleines d'immortelles, une ressemblance oubliée avec nos propres traits.

Et cette ombre mélancolique et fine, ce parfum pâle semblaient se perdre dans un fleuve immense et chaleureux : la vie qui s'ouvrait désormais devant Törless.

Une phase de son développement était révolue, son âme, comme le jeune arbre tous les ans, avait un anneau de plus : ce sentiment tout-puissant, mais encore inexprimé, justifiait tout.

Törless se remit à feuilleter ses souvenirs. Les phrases où il avait consigné dans la plus grande confusion d'esprit ce qui s'était produit et les manifestations si diverses de la stupeur où l'avait plongé la vie, parurent s'animer et prendre forme. On aurait dit un chemin lumineux où se fussent imprimées les traces de ses tâtonnements. Pourtant, quelque chose semblait leur manquer encore : non point certes une nouvelle idée ; plutôt une vitalité assez intense pour l'empoigner vraiment.

Il sentit l'incertitude le gagner. Puis l'angoisse de

devoir affronter ses maîtres le lendemain, et se justifier. Comment ? Comment leur expliquerait-il tout cela ? Le chemin sombre et secret qu'il avait suivi. Quand ils lui demanderaient pourquoi il avait maltraité Basini, pourrait-il leur répondre que ce qui l'intéressait, c'était le phénomène mental que ces actes déclenchaient en lui, ce phénomène dont il continuait à ne savoir presque rien et devant la réalité duquel tout ce qu'il pouvait en penser lui paraissait futile ?

Le petit pas qu'il lui fallait franchir encore pour arriver à la conclusion de cette expérience intérieure l'effrayait comme s'il se fût agi d'un abîme insondable.

Dès avant la nuit, Törless se trouva dans un état d'excitation fiévreuse presque panique.

LE LENDEMAIN, quand on appela les élèves un à un pour l'interrogatoire, Törless avait disparu. On l'avait aperçu pour la dernière fois la veille au soir, assis devant un cahier, apparemment plongé dans sa lecture.

On chercha dans toute la maison, Beineberg fit un tour discret du côté du grenier, Törless demeurait introuvable.

On comprit qu'il s'était sauvé, la police de la région fut alertée et priée de le ramener avec ménagements.

Entre-temps, l'interrogatoire avait commencé.

Reiting et Beineberg, certains que Törless s'était sauvé par crainte de leurs menaces de dénonciation, se sentirent tenus de détourner de lui tout soupçon, et le défendirent avec énergie.

Ils rejetèrent toute la responsabilité sur Basini, et la classe entière vint témoigner, élève après élève, que Basini n'était qu'un vaurien et un voleur et qu'il n'avait répondu aux tentatives les plus bienveillantes de redressement que par des récidives. Reiting protesta qu'ils reconnaissaient avoir mal agi, mais par pure compassion, avec la conviction qu'il ne fallait pas livrer un camarade au châtiment avant d'avoir épuisé toutes les ressources de la bienveillance ; la classe entière jura derechef que les violences commises sur la personne de Basini n'avaient été qu'une explosion de colère bien compréhensible, celui-ci n'ayant opposé à la magnanimité de camarades indulgents que la dérision la plus véhémente et la plus grossière.

En un mot, ce fut une comédie habilement conçue, et par Reiting brillamment mise en scène ; il n'y eut pas une seule des cordes morales, si sensibles chez les professeurs, que l'on omît de pincer pour se justifier.

Basini ne sortit point d'un mutisme hébété. Depuis la veille, une épouvante mortelle pesait encore sur lui ; son isolement, le déroulement régulier, rituel de l'enquête lui étaient à eux seuls un soulagement. Il ne désirait rien, sinon que tout fût bientôt fini. De plus, Reiting et Beineberg n'avaient pas oublié de le menacer de la pire vengeance s'il disait quoi que ce fût contre eux.

Enfin l'on ramena Törless. On l'avait appréhendé dans la ville la plus proche, affamé et mort de fatigue.

Sa fuite semblait désormais la seule énigme de l'affaire. Mais la situation lui était favorable. Beineberg et Reiting avaient habilement préparé le terrain, ils avaient parlé de la nervosité dont il avait fait preuve les derniers temps, et de cette délicatesse morale qui lui avait fait s'imputer à crime de n'avoir pas dénoncé sur-le-champ ce qu'il savait depuis le début, se rendant ainsi partiellement responsable du drame.

Aussi Törless fut-il accueilli d'emblée avec une sorte de bienveillance attendrie, à quoi ses camarades l'avaient d'ailleurs préparé.

Son excitation n'en était pas moins extrême, et l'angoisse de ne pouvoir se faire comprendre lui ôta le peu de forces qui lui restait.

Pour des raisons de discrétion — l'on craignait encore quelque révélation nouvelle — l'interrogatoire se déroula dans l'appartement privé du directeur. Etaient présents, outre celui-ci, le maître d'études, l'aumônier et le professeur de mathématiques à qui incombait, en sa qualité de benjamin du corps professoral, le soin de dresser le procès-verbal.

Interrogé sur les motifs de sa fugue, Törless ne répondit point.

Tous hochèrent la tête à l'unisson, de l'air le plus compréhensif.

— C'est bon, fit le directeur, nous en sommes informés. Mais dites-nous ce qui vous a engagé à taire les fautes de Basini.

Törless eût pu mentir. Mais son effroi s'était dissipé. Il eut une envie irrésistible de parler de soi et d'essayer ses pensées sur son auditoire.

— Je ne le sais pas au juste, monsieur le Directeur. La première fois qu'on m'en a parlé, cela m'a paru quelque chose de tout à fait monstrueux, d'inimaginable...

L'aumônier adressa à Törless un signe de tête satisfait et encourageant.

— Je... je pensais à l'âme de Basini...

L'aumônier s'épanouit. Le mathématicien nettoya son lorgnon, le remit, ferma les yeux...

— Je ne parvenais pas à me représenter le moment où une telle humiliation avait fondu sur Basini, et c'était ce qui ne cessait de me ramener vers lui...

— Bon, bon. Vous voulez dire sans doute que vous aviez une répugnance naturelle pour le faux pas de votre camarade, et que le spectacle du vice, en quelque sorte, vous paralysait, comme on dit que le regard du serpent paralyse sa victime.

Le maître d'études et le mathématicien s'empressèrent de témoigner du geste combien l'image leur plaisait.

Mais Törless dit :

— Non, ce n'était pas à proprement parler de la répugnance. D'abord, je me disais qu'il avait mal agi et qu'il fallait le livrer à ceux qui avaient la charge de le punir...

— C'est ce que vous auriez dû faire.

— ... ensuite il m'apparaissait de nouveau sous un jour si insolite que je cessais complètement de penser à la punition, que mon point de vue se modifiait du tout au tout ; chaque fois que je pensais à lui de la sorte, il se produisait en moi comme une fêlure...

— Il faut vous expliquer plus clairement, mon cher Törless.

— On ne peut exprimer cela autrement, monsieur le Directeur.

— Allons donc. Vous êtes énervé, nous le voyons bien : en plein désarroi. Ce que vous venez de dire était fort obscur.

— Il est vrai que mon désarroi est grand : j'avais pourtant mieux su traduire mon expérience. Mais elle se ramène toujours au fait qu'il y avait en moi quelque chose de bizarre...

— Sans doute, sans doute, mais n'était-ce pas tout naturel en l'occurrence ?

Törless prit le temps de réfléchir.

— Peut-être faut-il dire ceci : qu'il est des choses destinées à nous affecter, en quelque sorte, de deux façons différentes. Pour moi, c'étaient des êtres, des événements, un recoin sombre et poussiéreux, un haut mur glacé, muet, qui soudain prenait vie...

— Au nom du ciel, Törless, où vous égarez-vous ?

Mais Törless était heureux, tout à coup, de dire ce qu'il avait sur le cœur.

— ...des nombres imaginaires...

Les regards des uns et des autres se croisèrent, puis revinrent tous à Törless. Le mathématicien toussota et dit :

— Je dois préciser ici, pour aider à l'intelligence de ces obscurs propos, que l'élève Törless est venu me voir un jour pour me demander une explication de certaines notions mathématiques fondamentales (celle d'imaginaire en particulier), notions auxquelles peut achopper en effet un esprit encore mal dégrossi. J'avouerai même qu'il y fit preuve d'une indéniable pénétration ; mais comme par une sorte de manie, il n'avait recherché que ce qui semblait représenter, à ses yeux du moins, une faille dans la pensée causale. Vous rappelez-vous encore, Törless, ce que vous me disiez ?

— Oui. Je croyais constater qu'en ces différents points, notre pensée ne nous permettait pas à elle seule de progresser, que nous avions besoin de quelque certitude plus intime qui nous fît en quelque sorte franchir l'abîme. Que notre pensée seule soit parfois insuffisante, c'est ce que j'ai senti aussi avec Basini.

Ces échappatoires philosophiques impatientaient le directeur, mais l'aumônier en faisait ses délices :

— Ainsi donc, dit-il, dans ces questions, vous abandonnez le point de vue scientifique pour vous rapprocher de celui de la religion ? (Puis il se tourna vers les autres pour ajouter :) Visiblement, il en va de même pour Basini. Il semble avoir une sensibilité très vive aux aspects les plus nobles, je dirais même à l'essence divine, transcendante de la morale.

Le directeur se crut tenu d'examiner ce point.

— Ecoutez-moi bien, Törless : le Père est-il dans le vrai ? Avez-vous une tendance à chercher derrière les faits ou les choses — comme vous le dites assez vaguement — un arrière-plan religieux ?

Lui-même aurait été soulagé d'entendre Törless acquiescer enfin et donner ainsi un fondement solide à son verdict ; mais Törless répondit :

— Non, ce n'était pas cela non plus.

— Alors, dites-nous une bonne fois, pour l'amour de Dieu, et clairement, ce que c'était ! s'écria le directeur à bout de patience. Nous n'allons tout de même pas engager un colloque philosophique !

Cependant, Törless avait pris de l'assurance. Il sentait qu'il s'était mal exprimé ; mais l'opposition non moins que l'approbation à contresens qu'il avait rencontrées lui donnèrent le sentiment d'une grande supériorité sur ces aînés qui semblaient si mal connaître l'âme humaine.

— Ce n'est pas ma faute si ce sentiment diffère de tout ce que vous m'avez proposé. Je ne puis décrire exactement ce que j'ai éprouvé chaque fois ; mais si je vous expose ce que j'en pense maintenant, vous comprendrez peut-être pourquoi j'ai mis si longtemps à m'en sortir.

Il se tenait très droit, aussi fier que si c'eût été lui le juge ; il regardait devant soi, les yeux dans le vague, incapable de supporter la vue de ces pantins.

Dehors, devant la fenêtre, à part un corbeau sur une branche, on ne voyait que l'interminable surface blanche de la plaine.

Törless sentit que le moment était venu où il pourrait parler clairement, nettement, avec la certitude de la victoire, de ce qui avait été en lui d'abord vague et torturant, ensuite exsangue et sans force.

Ce n'était point que cette assurance et cette clarté lui vinssent d'une pensée nouvelle ; mais dans tout son être, tel qu'il se tenait là fièrement debout comme s'il n'y avait eu que le vide autour de lui, dans tout son être il le sentait ainsi qu'il l'avait senti naguère, lorsqu'il avait laissé errer ses regards surpris parmi ses camarades appliqués à rédiger ou à mémoriser.

C'est une chose bien étrange que les pensées. Elles ne sont souvent rien de plus que des accidents qui disparaissent sans laisser de traces, elles ont leurs temps morts et leurs saisons florissantes. On peut faire une découverte géniale et la voir néanmoins se faner lentement dans vos mains, telle une fleur. La forme en demeure, mais elle n'a plus ni couleur, ni parfum. C'est-à-dire que l'on a beau s'en souvenir mot pour mot, que sa valeur logique peut bien être intacte, elle ne rôde plus qu'à la surface de notre être, au hasard, et sans nous enrichir. Jusqu'à ce que revienne soudain — quelques années plus tard peut-être — un moment où nous prenons conscience que dans l'intervalle, même si notre logique a paru en tenir compte, nous avons complètement négligé sa présence.

Oui, il est des pensées mortes et des pensées vivantes. La pensée qui se meut à la surface, dans la clarté, celle que l'on peut à tout moment ressaisir par les pinces de la causalité n'est pas nécessairement la plus vivante. Une pensée croisée sur ces chemins-là vous demeure indifférente comme le premier venu dans une colonne de soldats. Un pensée qui peut avoir traversé depuis longtemps notre cerveau ne devient vivante qu'au moment où quelque chose qui n'est plus de la pensée, qui ne relève plus de la logique, s'y ajoute : de sorte que nous éprouvons sa vérité indépendamment de toute preuve, comme si elle avait jeté l'ancre dans la chair vivante, irriguée de sang... Une grande découverte ne s'accomplit que pour une part dans la région éclairée de la conscience ; pour l'autre part, elle s'opère dans le sombre humus intime, et elle est avant tout un état d'âme à la pointe extrême duquel s'ouvre comme une fleur.

Il avait suffi d'un ébranlement profond pour que cet ultime rejet, en Törless, s'épanouît.

Négligeant la stupéfaction qui se peignait sur le visage de ses interlocuteurs, comme pour soi seul, il enchaîna sur ces réflexions et se mit à parler, sans jamais s'interrompre, en regardant toujours devant soi :

— Peut-être suis-je encore trop ignorant pour m'exprimer comme il le faudrait, mais je veux décrire tout de même ce qui m'est arrivé. Je l'ai ressenti de nouveau il y a un instant. Je puis l'expliquer seulement en disant que je vois les choses sous un double aspect, toutes les choses ; mais aussi bien les pensées. Si je m'efforce de trouver la différence, je les retrouve aujourd'hui telles qu'elles étaient hier ; mais il suffit que je ferme les yeux pour qu'elles se transforment et m'apparaissent sous un nouvel éclairage. Peut-être me suis-je trompé en ce qui concerne les nombres imaginaires : quand je les pense, en quelque sorte, dans le cadre des mathématiques, je les trouve naturels, mais dès que je les considère dans leur singularité, ils m'apparaissent inconcevables. Toutefois, le sujet m'est si peu familier que je puis fort bien faire erreur. Avec Basini, pourtant, je ne me trompais point, ni quand je ne pouvais détourner mon attention des légers frémissements du haut mur, détacher mes regards de la vie muette de la poussière qu'une lampe inopinément me révélait. Non, je ne me trompais point quand je parlais d'une seconde vie, d'une vie secrète, inaperçue, des choses ! Je ne l'entends point au sens propre ; je ne veux pas dire que ces choses vivaient vraiment, ni que Basini eût deux visages ; mais qu'il y avait en moi « quelque chose d'autre » qui n'empruntait pas, pour observer cela, les yeux de la raison. Aussi clairement que je sens une pensée prendre vie en moi, je sens « quelque chose » en moi s'éveiller à la vue des choses, au moment où les pensées se taisent. C'est quelque chose en moi d'obscur, au-dessus des pensées, je ne puis le mesurer rationnellement, c'est une vie que les mots ne cernent point et qui est pourtant ma vie... Cette vie muette m'a oppressé, m'a épuisé, je ne parvenais plus à m'en détourner. J'étais angoissé à l'idée que notre vie tout entière pouvait être telle et que je risquais de ne la connaître que par fragments épars... j'éprouvais une terrible inquiétude... j'étais égaré...

Dans son extrême excitation, dans cet état d'inspiration quasi poétique, ces mots et ces comparaisons qui étaient fort au-dessus de son âge lui montaient aisément et naturellement aux lèvres. Puis il baissa la voix et ajouta, comme ressaisi par sa souffrance secrète :

— Maintenant c'est passé. Je sais que je me suis trompé tout de même. Je ne redoute plus rien. Je sais que les choses sont les choses et qu'elles le resteront toujours ; que je continuerai à les voir tantôt comme ci, tantôt comme ça. Tantôt avec les yeux de la raison, tantôt avec les autres... Et je n'essaierai plus de comparer...

Il se tut. A ce moment-là, il lui parut tout naturel de pouvoir se retirer ; et de fait, personne ne le retint.

Quand il fut sorti, les professeurs échangèrent des regards stupéfaits.

Le directeur, indécis, hochait la tête. Le maître d'études retrouva le premier l'usage de la parole.

— Ce jeune prophète avait envie de nous faire une conférence ! Mais le diable y perdrait son latin ! Quelle exaltation ! Et cette façon d'embrouiller les choses les plus simples !

— Réceptivité extrême, pensée purement spontanée, déclara le mathématicien prêtant main-forte à son collègue. Il semble avoir attaché trop d'importance au facteur subjectif de nos expériences, d'où ses désarrois et l'obscurité de ses formules.

Seul l'aumônier ne dit rien. Törless avait parlé si

fréquemment de l'âme qu'il aurait bien aimé reprendre ce jeune homme en main.

Mais il ne savait pas encore au juste ce que Törless avait voulu dire.

Le directeur conclut enfin :

— J'ignore ce qui se passe exactement dans la cervelle de ce jeune homme, mais il est sûr que son état d'excitation est trop grave pour que soit souhaitable la prolongation de son séjour ici. Il est nécessaire que l'on surveille ses nourritures spirituelles mieux que nous ne sommes en mesure de le faire. Je ne pense pas que nous puissions assumer plus longtemps cette responsabilité. Törless est mûr pour l'enseignement privé : c'est en ce sens que j'écrirai à ses parents.

Chacun s'empressa d'approuver l'heureuse suggestion de l'honnête directeur.

— Un garçon si bizarre que je ne serais pas surpris qu'on lui trouvât une prédisposition à l'hystérie ! dit encore à son voisin, en se retirant, le professeur de mathématiques.

En même temps que la lettre du directeur, les parents Törless en reçurent une de leur fils qui les priait de le reprendre chez eux, sous prétexte qu'il ne se sentait plus à sa place à l'école de W.

CEPENDANT, Basini expulsé, la vie à l'Ecole avait repris son cours normal.

Il était convenu que Törless serait ramené par sa mère. Il se sépara de ses camarades sans la moindre émotion. Il commençait presque à oublier leurs noms.

Jamais il n'était remonté dans la chambre rouge. Tout cela semblait très loin derrière lui.

Depuis l'expulsion de Basini, tout cela était mort. Presque comme si le garçon qui avait été le centre de l'histoire l'avait emportée avec lui du même coup.

Une sorte de tranquillité dubitative enveloppa dès lors Törless, mais le désespoir avait disparu. « Sans le caractère clandestin de mes rapports avec Basini, mon désespoir n'aurait sûrement pas été aussi profond », songeait-il. Il n'en concevait pas d'autre raison.

Mais il avait honte. Comme on a honte au petit jour, quand on a vu pendant la nuit, sous les morsures de la fièvre, approcher de tous les coins de la chambre obscure de monstrueuses et terrifiantes menaces.

Son attitude devant la commission lui semblait maintenant le comble du ridicule. Tant de bruit pour si peu ? N'était-ce pas eux qui avaient eu raison ? Pourtant, quelque chose en lui désarmait cette honte. « Sans doute me suis-je montré déraisonnable, se disait-il, mais c'est toute l'histoire qui semble n'avoir eu que peu à faire avec la raison. » Tel était son nouveau sentiment. Il gardait le souvenir d'une violente tempête intérieure à l'explication de laquelle les motifs qu'il trouvait encore en lui étaient loin de suffire. « Il faut donc que ç'ait été quelque chose de trop nécessaire et de trop profond, conclut-il, pour être jugé par la raison et les concepts... »

Et ce qui avait précédé la passion, ce que la passion n'avait fait que recouvrir de son foisonnement : le vrai problème, était toujours présent. C'était ce changement de perspective mentale, selon les distances, dont il avait fait l'expérience. Cette relation insaisissable qui donne aux événements et aux choses, selon l'endroit d'où nous les considérons, des valeurs inédites absolument incomparables entre elles, étrangères l'une à l'autre...

Cela et tout le reste, il le voyait avec une netteté merveilleuse, parfaitement limpide... et minuscule. Comme on le voit dans la pureté du petit jour, quand les premiers rayons du soleil ont séché nos sueurs d'angoisse, quand la table, l'armoire, les ennemis et le destin reculent en rampant pour retrouver leurs dimensions naturelles.

De telles nuits n'en laissent pas moins à l'esprit une discrète et distraite fatigue : et Törless n'y échappa point. Il savait distinguer maintenant entre le jour et la nuit ; en fait, il l'avait toujours su : il avait fallu qu'un rêve oppressant déferlât sur ces démarcations pour les absorber, et cette confusion lui faisait honte. Toutefois, l'idée qu'elle était possible, que certaines murailles autour de l'homme étaient aisément renversées, que les rêves fiévreux qui rôdaient près de l'âme pouvaient s'y employer et y ouvrir d'étranges brèches, cette idée s'était elle aussi ancrée profondément en lui, et les ombres pâles qu'elle répandait ne s'effaçaient point.

Il n'aurait guère pu l'expliquer. Mais cette impossibilité de trouver des mots avait une saveur, comme la certitude de la femme enceinte qui devine déjà dans son sang le discret tiraillement de l'avenir. Confiance et lassitude se mêlaient en lui...

C'est ainsi qu'il attendit le départ dans une songeuse tranquillité.

Sa mère, qui s'attendait à le trouver surexcité, bouleversé, fut frappée par son calme et sa froideur.

La voiture qui les conduisait à la gare laissa à sa droite le petit bois où s'élevait la maison de Bozena. Ce n'était plus qu'un fouillis poussiéreux de saules et d'aunes, aussi inoffensif qu'insignifiant.

A cette vue, Törless se souvint combien il lui avait paru difficile, alors, de se représenter l'existence de ses parents. Il regarda sa mère, à la dérobée.

— Qu'y-a-t-il, mon petit ?

— Rien, maman. Une idée.

Et il aspira le léger parfum qui s'exhalait du corsage de sa mère.

POSTFACE

En 1906 paraissait à Vienne le premier livre de Robert Musil, un roman intitulé Die Verwirrungen des Zöglings Törless. L*e 21 décembre de cette même année, dans un journal berlinois,* Der Tag, *le célèbre critique Alfred Kerr consacrait à ce roman un long article extrêmement élogieux qui disait, entre autres :*

Robert Musil est né dans le sud de l'Autriche, il a vingt-cinq ans, et il a écrit un livre qui restera.

...

Le récit de Musil est sans mollesse. On n'y trouvera pas trace de ce que l'on appelle la « poésie ». Musil est quelqu'un qui regarde les faits, et s'il y a dans son livre la part exacte de poésie qu'il peut y avoir dans les choses elles-mêmes, c'est à la seule mise en forme objective de ces faits qu'il le doit. On aperçoit des lueurs, et de l'obscur. Le livre restitue, ce qui me paraît remarquable, l'atmosphère flottant entre ce qui est de l'espace et ce qui est de l'âme... Quand on repense à ce livre, on pense à des choses qui vivent sous forme de visions sans être moins réelles pour autant. Des détails se gravent dans la mémoire visuelle...

Le jour même, Musil écrivait ou projetait d'écrire à un certain Monsieur W., un critique aussi probablement, une lettre dont le brouillon a été retrouvé dans son Journal. *La voici intégralement :*

Cher monsieur W.,

Ci-joint la critique de Kerr parue aujourd'hui : je me sens envers lui une immense dette de reconnaissance. Et bien des choses, dans son texte, me paraissent meilleures que dans mon livre. Quoi qu'il en soit, pour moi aussi l'idée du clair-obscur, de l'exploration des ténèbres fut déterminante. C'était l'atmosphère dans laquelle je voyais les faits, leur tonalité. Et puis, le problème du désarroi à la fois intellectuel et moral. La relation entre ces deux domaines. La vivification d'états intellectuels, etc. Que j'aie ou non réussi à rendre cela manifeste, c'est une question de moyens : sur ce point, je ne chercherai pas à vous influencer.

Mais il en est un autre qui me tient à cœur : je ne veux pas rendre la pédérastie compréhensible. Il n'est peut-être pas d'anomalie dont je me sente plus éloigné. Au moins sous sa forme actuelle.

Que ce soit elle pourtant que j'aie choisie tient au hasard, à l'action que j'avais en mémoire. On pourrait remplacer Basini par une femme, et l'homosexualité par le sadisme, le fétichisme, tout ce qui a quelque rapport avec des émotions aberrantes sans être noyé par le pathologique comme dans les cas plus graves. J'estime que du problème intellectuel exposé et de l'atmosphère où il est situé pourraient résulter, selon les contingences, les choses les plus diverses. Comme vous le savez, je m'occupe aussi de psychologie en savant (il est vrai que ce n'était pas encore le cas au moment où j'ai écrit le livre), et je dois dire que les belles études des psychiatres français, par exemple, me suffiraient pour comprendre, revivre et, me semblet-il, recréer *n'importe quelle* anomalie aussi bien que celle, relativement courante, que j'ai choisie. Il y a là sans doute un problème psychologique ; c'est en tout cas un fait que je puis me transporter dans cet univers affectif sans que ma volonté en soit le moins du monde altérée.

Si vous pouviez souligner fortement ce fait (que je crois caractéristique d'une méthode de création), je vous en serais infiniment reconnaissant.

Un second point, c'est que je ne prétends pas à rendre une psychologie avec toutes ses finesses. Il y a beaucoup de psychologie dans ce livre. Je ne veux pas faire comprendre, mais faire sentir. Voilà en germe, je crois, la différence qui sépare la science psychologique de l'art psychologique.

Je vous prierai enfin de bien vouloir ne rien dire de Märisch-Weisskirchen. Le lien du livre avec cette Ecole dont j'ai été l'élève est tout extérieur. La mémoire me donnait un thème, j'ai fait mon possible pour voiler de mon mieux le reste. Même les détails extérieurs ne concordent pas toujours. Beaucoup, néanmoins, n'ont été modifiés que légèrement, les noms en particulier ; et il m'est très agréable qu'on prenne ce livre pour réaliste quand justement ce qu'il a de compromettant est en grande partie fictif.

La [*Neue ?*] *Rundschau* est malheureusement complète jusqu'en février, etc.

MUSIL.

Remarque d'ordre personnel : je n'ai pas vingt-cinq ans, hélas ! mais déjà vingt-six ans passés. C'est l'unique correction qu'il me faille apporter à l'article de Kerr.

Tout ce que j'ai dit d'autre n'est qu'addition, y compris mes remarques sur la pédérastie. Kerr a tout à fait raison ; ce que je vous ai dit n'est pas pour le désavouer, mais pour le compléter.

Musil ne devait pas goûter deux fois la satisfaction d'un accueil aussi intelligent et chaleureux que celui de Kerr. Son premier roman est resté, du vivant de l'auteur, son seul véritable succès, un succès qui ne l'aura sans doute pas peu encouragé à choisir définitivement le métier d'écrivain.

Dans un brouillon intitulé Testament II *et datant peut-être de 1932, Musil revient sur sa première œuvre* :

...un livre dont, il y a deux ans encore, comme je relisais les épreuves en vue de sa réédition, la sûreté avec laquelle il est écrit m'a empli de satisfaction, bien que j'aie eu le plus grand mal à me retenir d'en corriger les nombreux passages insuffisants...

...

Peu de temps avant de commencer à écrire le *Törless*, un an avant environ, j'avais « fait cadeau » de sa matière, c'est-à-dire de tout ce qui était « milieu », « réalité » et « réalisme » dans l'histoire. Je fréquentais alors deux écrivains « naturalistes » fort doués que l'on a oubliés depuis parce qu'ils sont morts très jeunes. Je leur racontai tout ce à quoi j'avais assisté (qui était, sur des points essentiels, différent de ce que j'ai décrit plus tard), et je leur offris d'en faire l'usage qu'ils voudraient. J'étais moi-même, alors, très incertain, je ne savais pas ce que je voulais, je savais seulement ce que je ne voulais pas, et c'était précisément à peu près tout ce que l'époque pensait que devait faire un écrivain. Quand je repris moi-même, un an plus tard, ce thème, ce fut, littéralement, par ennui. J'avais vingt-deux ans, mais j'étais déjà ingénieur, et mon métier ne me donnait pas satisfaction. Pourquoi je m'ennuyais à ce point, je ne le raconterai pas ici. Stuttgart, où ces choses se passaient, m'était étranger et hostile, je voulais abandonner mon métier et étudier la philosophie (ce que je fis bientôt), je fuyais mon travail, je lisais des ouvrages philosophiques pendant mes heures de bureau et à la fin de l'après-midi, quand je ne me sentais plus capable de rien enregistrer, je m'ennuyais. C'est ainsi que je commençai à écrire, et le thème que j'avais sous la main se trouva être justement celui de *Törless*. Grâce à ce thème, à la manière *anormale* dont on prétendit que je l'avais traité, le livre fit du bruit, et l'on me sacra « narrateur ». Sans doute, quand on prétend avoir le droit de ne pas vouloir narrer, doit-on pouvoir le faire, et je crois que j'en suis assez capable, mais jusqu'aujourd'hui ce que je narre a toujours passé pour moi au second plan. Alors déjà, pour moi, l'essentiel était ailleurs...

Vers 1936, dans une « Préface abandonnée », Musil donne encore les précisions suivantes :

Mon premier succès coïncide avec mon premier livre, *Die Verwirrungen des Zöglings Törless*. Ce succès s'est même prolongé jusqu'à maintenant, mais à l'époque, le petit roman que j'avais écrit passait pour être à la fois trois choses : l'affirmation d'une « génération » nouvelle ; une contribution essentielle au problème de l'éducation ; enfin le coup d'essai d'un jeune écrivain dont on pouvait beaucoup attendre. De partout affluèrent des approbations critiques et des questions passionnées.

Sans doute y gagnai-je l'amitié de quelques critiques importants ; hors ce fait, le succès me parut consister en une série de malentendus. On louait mon sens de la « psychologie » et mon « réalisme », et nombreux furent ceux qui crurent avoir en ce livre le produit d'une « expérience personnelle », quand ce n'était pas une « confession » ; les pédagogues, en particulier, me demandèrent des « détails », sur quoi je m'efforçai de les décevoir aussi horriblement que possible.

La vérité était que je n'accordais aucune valeur particulière au « sujet ». Bien entendu, j'avais vu de mes yeux des histoires analogues, mais j'en étais personnellement si peu affecté que, deux ans avant de l'exploiter moi-même, je l'avais confié à un autre jeune écrivain dont le réalisme brutal me paraissait lui convenir beaucoup mieux ; j'avais assuré cet auteur que le sujet était fait pour lui, et non pour moi. (Je m'essayais alors à des sortes de méditations lyriques.) Voilà pour la « confession ». Pourquoi je m'attaquai néanmoins plus tard (1902-3) à ce sujet, je ne saurais plus le dire ; je crois que cela tint à des circonstances particulières de ma vie et au fait que, n'ayant pas trouvé d'éditeur pour mon lyrisme philosophique, je voulais redescendre un peu sur terre...

Törless *est d'abord une pénétrante, une admirable analyse de l'adolescence. Depuis sa parution au début du siècle, de nombreux romans ont été écrits sur des thèmes semblables, avec un plus ou moins grand bonheur. Celui-ci reste exceptionnel par cela même qu'Alfred Kerr souligna tout de suite le refus de la « poésie » dans un sujet qui ne s'y prête que trop, la précision sèche et néanmoins vibrante de la représentation. Si j'excepte quelques faiblesses passagères, un abus du « comme si » et des « frissons », il n'est pas un mot de trop dans ce premier livre : force de concision qui est, chez un écivain débutant, une preuve d'intelligence et de rigueur. Des premières pages qui plantent le décor de l'histoire, cette plaine désolée, lieu rêvé d'égarement, et qui montrent la naissance du désarroi chez l'élève Törless, aux scènes les plus cruelles de la fin du livre, la progression est sans faiblesse et de l'art le mieux maîtrisé : comme est remarquable l'espèce de silence, de paix, de tendresse légère qui s'installe après le brusque dénouement, tranquillité d'après l'orage.*

Musil a raison de souligner que l'essentiel du livre n'est nullement l'histoire d'une amitié particulière ; on ne peut séparer l'éphémère égarement de Törless d'un trouble infiniment plus profond et plus intéressant : la question que l'élève pose aux choses et aux êtres est en vérité fondamentale. Mais à cela je reviendrai plus loin.

Dans le cahier 33 de son Journal *(1937-1941), Musil écrit encore :*

« Relation [de mon œuvre] avec la politique.

Reiting, Beineberg [héros de *Törless*] : les dictateurs d'aujourd'hui *in nucleo.*

Aussi, l'idée que la *masse* est quelque chose qu'il faut dompter. »

On a souvent dit, en effet, que ce roman écrit au début du siècle était une sorte de prophétie du nazisme. Sans doute est-ce d'abord qu'une œuvre d'une certaine intensité et d'une certaine profondeur dépasse automatiquement son cadre apparent. Quand Alfred Kerr, dans son étude, mettait en garde ceux qui allaient crier au scandale à propos de ce livre en soulignant que, s'il décrivait des « aspects nocturnes » de l'homme, ceux-ci étaient présents en chacun de nous, il ne pensait pas si bien dire, il ne pouvait prévoir que la justesse de son expression, après celle de Musil lui-même, touchait non seulement une vérité générale lointaine en quelque sorte, et sans menaces, mais la vérité même qui allait se déchaîner une trentaine d'années plus tard et mettre enfin l'Europe à feu et à sang. Il ne s'agit ni de magie, ni d'un hasard pur et simple. Je crois qu'un regard aussi pénétrant que hardi avait mis à nu dans ce roman des idées (telle celle des êtres inférieurs par nature, et que l'on peut tuer sans scrupule), des tendances, des comportements qui étaient déjà dans l'air, et auxquels il suffirait d'un catalyseur pour devenir une réalité effrayante.

POSTFACE

Le récit des cruautés concentrationnaires, prises isolément et si je me défends de considérer l'horreur particulière que constitue leur multiplicité, me paraît à peine plus atroce que celui du calvaire du jeune Basini sous la plume de Musil. Tous les éléments de la cruauté et de l'abjection sont déjà réunis ici, dans leur juste et ténébreux dosage.

Mais ce qui me touche le plus dans Törless, *ce n'est pas l'art du récit, ni son caractère prophétique à force de lucidité ; c'est ce qu'y chercheront probablement les lecteurs français de* L'Homme sans qualités *: le sens profond qui permet d'éclairer cette grande œuvre. Je crois en effet que la lecture de ce roman, comme celle des* Exaltés *(un drame dont la traduction doit paraître également bientôt), sera de la plus grande utilité pour ceux qu'a égarés la surabondante richesse du roman de la maturité. N'oublions pas que les premières notes pour celui-ci sont contemporaines du* Törless, *et qu'il n'est guère d'œuvre de Musil qui en soit tout à fait indépendante. Le mouvement profond du grand roman, souvent dissimulé, pour un regard peu attentif, par la prolifération des détails, apparaît dans ces œuvres secondaires peut-être plus frêle, mais aussi plus visible.*

L'élève Törless, c'est, bien sûr, Ulrich adolescent. Quand je dis cela, je ne prétends pas que Törless soit Musil, à seize ans, pas plus qu'Ulrich n'est Musil à trente ans. Je dis que les problèmes de Törless et ceux d'Ulrich, problèmes vivants fondamentaux, sont ceux-là mêmes de leur créateur, et qu'ils sont étroitement liés les uns aux autres. Et cette ressemblance, ou cette continuité, se retrouve même dans les portraits de personnages aussi épisodiques que le père de Beineberg lui-même ou le professeur de mathématiques: ce qui deviendra dans L'Homme sans qualités *satire et caricature incomparable, s'ébauche déja un peu timidement ici: le portrait ironique du professeur de mathématiques annonce cette constatation si profonde, reprise et développée dans le grand roman, que la science ne change pas le savant, et l'étonnement de voir un créateur de machines porter encore des chaînes de montre et raisonner comme un scolastique. Et Beineberg, avec ses théories passionnées et confuses sur le contact immédiat des âmes, la transmigration, l'hypnotisme, ne préfigure-t-il pas tous les personnages de* L'Homme sans qualités *qui, parfois sans le vouloir, caricaturent la quête d'Ulrich: Meingast, Hans Sepp, Diotime ? Et quand Törless déclare à son camarade que les seuls cours qui l'intéressent à l'Ecole sont ceux de religion et de mathématiques, ne définit-il pas d'avance le problème central d'Ulrich ?*

En vériié, ce petit roman est surtout l'analyse rigoureuse d'une blessure féconde, d'une ouverture pénible, mais nécessaire. Törless se trouble parce qu'il découvre ce qui échappe à la parole, à la raison, au calcul: il devine que notre vraie vie est peut-être faite de ces « fragments d'une autre vie » insaisissables, et il s'effraie à l'idée que nous puissions les laisser échapper; il découvre aussi que l'indicible se confond souvent avec l'innommable, que la sensualité ne se sépare peut-être pas de nos plus profondes expériences. C'est sur un ébranlement analogue que commence la merveilleuse histoire d'Ulrich et de sa sœur. Et ce qui nous attache à Musil en le dis-

tinguant de tous les autres grands contemporains, c'est qu'il a poursuivi sa vie durant ce rêve de l'insaisissable avec l'horreur de la confusion, et la passion de l'exactitude.

PH. J.

Je remercie M. Adolf Frisé, l'éditeur allemand de Musil, qui m'a obligeamment communiqué le texte de l'article d'Alfred Kerr. On trouvera les divers textes de Musil cités ici dans le volume des Tagebücher *(Rowohlt) aux p. 803, 807 et 808, et celui de la lettre à Monsieur W. dans le volume* Prosa, Dramen, Späte Briefe, *p. 723-4.*

IMPRIMERIE BUSSIÈRE À SAINT-AMAND (6-88)
D. L. 2e TRIM. 1980. N° 5549-5 (4478)

Du même auteur

AUX MÊMES ÉDITIONS

Les désarrois de l'élève Törless
roman, 1960

L'homme sans qualités
roman (deux volumes), 1961
Prix du meilleur livre étranger

Trois femmes, *suivi de* Noces
nouvelles, 1963

Œuvres pré-posthumes
prose, 1965

Journaux
(deux volumes)
1981

Essais
1984

Théâtre
1985

Lettres
1987

COLLECTION POINTS ROMAN

L'homme sans qualités
(deux volumes)
1982

Trois femmes, *suivi de* Noces
1983

Collection Points

SÉRIE ROMAN

DERNIERS TITRES PARUS

R212. Épaves, *par Julien Green*
R213. La Leçon du maître, *par Henry James*
R214. Récit des temps perdus, *par Aris Fakinos*
R215. La Fosse aux chiens, *par John Cowper Powys*
R216. Les Portes de la forêt, *par Elie Wiesel*
R217. L'Affaire Deltchev, *par Eric Ambler*
R218. Les amandiers sont morts de leurs blessures *par Tahar Ben Jelloun*
R219. L'Admiroir, *par Anny Duperey*
R220. Les Grands Cimetières sous la lune *par Georges Bernanos*
R221. La Créature, *par Étienne Barilier*
R222. Un Anglais sous les tropiques, *par William Boyd*
R223. La Gloire de Dina, *par Michel del Castillo*
R224. Poisson d'amour, *par Didier van Cauwelaert*
R225. Les Yeux fermés, *par Marie Susini*
R226. Cobra, *par Severo Sarduy*
R227. Cavalerie rouge, *par Isaac Babel*
R228. Tous les soleils, *par Bertrand Visage*
R229. Pétersbourg, *par Andréi Biély*
R230. Récits d'un jeune médecin, *par Mikhaïl Boulgakov*
R231. La Maison des prophètes, *par Nicolas Saudray*
R232. Trois Heures du matin à New York *par Herbert Lieberman*
R233. La Mère du printemps, *par Driss Chraïbi*
R234. Adrienne Mesurat, *par Julien Green*
R235. Jusqu'à la mort, *par Amos Oz*
R236. Les Envoûtés, *par Witold Gombrowicz*
R237. Frontière des ténèbres, *par Eric Ambler*
R238. Les Deux Sacrements, *par Heinrich Böll*
R239. Cherchant qui dévorer, *par Luc Estang*
R240. Le Tournant, *par Klaus Mann*
R241. Aurélia, *par France Huser*
R242. Le Sixième Hiver, *par Douglas Orgill et John Gribbin*

R243. Naissance d'un spectre, *par Frédérick Tristan*
R244. Lorelei, *par Maurice Genevoix*
R245. Le Bois de la nuit, *par Djuna Barnes*
R246. La Caverne céleste, *par Patrick Grainville*
R247. L'Alliance, tome 1, *par James A. Michener*
R248. L'Alliance, tome 2, *par James A. Michener*
R249. Juliette, chemin des Cerisiers, *par Marie Chaix*
R250. Le Baiser de la femme-araignée, *par Manuel Puig*
R251. Le Vésuve, *par Emmanuel Roblès*
R252. Comme neige au soleil, *par William Boyd*
R253. Palomar, *par Italo Calvino*
R254. Le Visionnaire, *par Julien Green*
R255. La Revanche, *par Henry James*
R256. Les Années-lumière, *par Rezvani*
R257. La Crypte des capucins, *par Joseph Roth*
R258. La Femme publique, *par Dominique Garnier*
R259. Maggie Cassidy, *par Jack Kerouac*
R260. Mélancolie Nord, *par Michel Rio*
R261. Énergie du désespoir, *par Eric Ambler*
R262. L'Aube, *par Elie Wiesel*
R263. Le Paradis des orages, *par Patrick Grainville*
R264. L'Ouverture des bras de l'homme, *par Raphaële Billetdoux*
R265. Méchant, *par Jean-Marc Roberts*
R266. Un policeman, *par Didier Decoin*
R267. Les Corps étrangers, *par Jean Cayrol*
R268. Naissance d'une passion, *par Michel Braudeau*
R269. Dara, *par Patrick Besson*
R270. Parias, *par Pascal Bruckner*
R271. Le Soleil et la Roue, *par Rose Vincent*
R272. Le Malfaiteur, *par Julien Green*
R273. Scarlett, si possible, *par Katherine Pancol*
R274. Journal d'une fille de Harlem, *par Julius Horwitz*
R275. Le Nez de Mazarin, *par Anny Duperey*
R276. La Chasse à la licorne, *par Emmanuel Roblès*
R277. Red Fox, *par Anthony Hyde*
R278. Minuit, *par Julien Green*
R279. L'Enfer, *par René Belletto*
R280. Et si on parlait d'amour, *par Claire Gallois*
R281. Pologne, *par James A. Michener*
R282. Notre homme, *par Louis Gardel*
R283. La Nuit du solstice, *par Herbert Lieberman*

R284. Place de Sienne, côté ombre
par Carlo Fruttero et Franco Lucentini
R285. Meurtre au comité central
par Manuel Vázquez Montalbán
R286. L'Isolé soleil, *par Daniel Maximin*
R287. Samedi soir, dimanche matin, *par Alan Sillitoe*
R288. Petit Louis, dit XIV, *par Claude Duneton*
R289. Le Perchoir du perroquet, *par Michel Rio*
R290. L'Enfant pain, *par Agustin Gomez-Arcos*
R291. Les Années Lula, *par Rezvani*
R292. Michael K, sa vie, son temps, *par J. M. Coetzee*
R293. La Connaissance de la douleur, *par Carlo Emilio Gadda*
R294. Complot à Genève, *par Eric Ambler*
R295. Serena, *par Giovanni Arpino*
R296. L'Enfant de sable, *par Tahar Ben Jelloun*
R297. Le Premier Regard, *par Marie Susini*
R298. Regardez-moi, *par Anita Brookner*
R299. La Vie fantôme, *par Danièle Sallenave*
R300. L'Enchanteur, *par Vladimir Nabokov*
R301. L'Ile Atlantique, *par Tony Duvert*
R302. Le Grand Cahier, *par Agota Kristof*
R303. Le Manège espagnol, *par Michel del Castillo*
R304. Le Berceau du chat, *par Kurt Vonnegut*
R305. Une histoire américaine, *par Jacques Godbout*
R306. Les Fontaines du grand abîme, *par Luc Estang*
R307. Le Mauvais Lieu, *par Julien Green*
R308. Aventures dans le commerce des peaux en Alaska
par John Hawkes
R309. La Vie et demie, *par Sony Labou Tansi*
R310. Jeune Fille en silence, *par Raphaële Billetdoux*
R311. La Maison près du marais, *par Herbert Lieberman*
R312. Godelureaux, *par Éric Ollivier*
R313. La Chambre ouverte, *par France Huser*
R314. L'Œuvre de Dieu, la part du Diable, *par John Irving*
R315. Les Silences ou la vie d'une femme, *par Marie Chaix*
R316. Les Vacances du fantôme, *par Didier van Cauwelaert*
R317. Le Levantin, *par Éric Ambler*
R318. Béno s'en va-t-en guerre, *par Jean-Luc Benoziglio*
R319. Miss Lonelyhearts, *par Nathanaël West*
R320. Cosmicomics, *par Italo Calvino*
R321. Un été à Jérusalem, *par Chochana Boukhobza*